DAS EKLIGSTE KINDERBASTELBUCH DER WELT

DAS
EKLIGSTE
KINDERBASTELBUCH
DER WELT

30 WIDERLICH-GENIALE
PROJEKTE

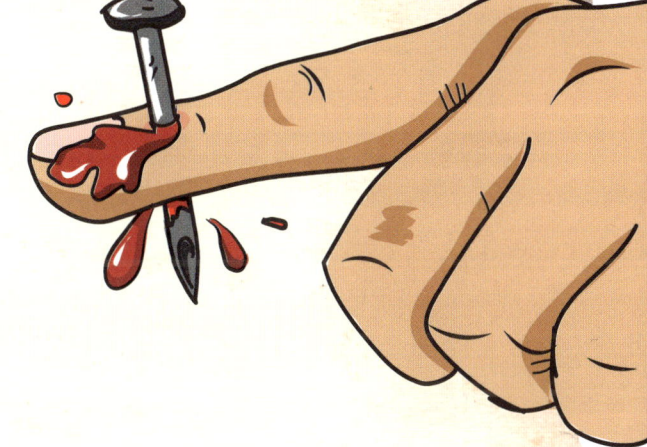

LAURA MINTER
& TIA WILLIAMS

EKLIGER INHALT

EKLIGE EINLEITUNG

PUPSE, SCHLEIM UND KACKA – DAS ALLES FINDEST DU IN DIESEM BUCH. STEHST DU AUF EKLIGES WIE FAKE-KOTZE, ROTZ UND GLIBBER, DANN BIST DU HIER RICHTIG!

Das Buch umfasst 30 magenumdrehende Basteleien, von Gruselspielen über widerliches Würg-Essen bis hin zu Streichen, um Familie und Freunde zu schocken. Du wolltest immer mal Eingeweide essen, Pupse per Post senden oder Kot werfen? Dann ist das genau dein Buch!

Schon kleinste Strolche können alle Projekte ganz einfach mit etwas Hilfe womöglich eher unwilliger Helfer umsetzen. Es gibt genaue Schritt-für-Schritt-Anleitungen mit Bildern, in denen alles erklärt wird. Des Weiteren findest du im Buch viele lustige und widerliche Fakten und Tipps, die zur perfekten Unterhaltung der ganzen Familie am Esstisch beitragen!

Eltern-Basics fürs Basteln mit Kindern

HIER IST EINE ZUSAMMENSTELLUNG EINIGER MATERIALIEN, DIE FÜR DIE PROJEKTE IN DIESEM BUCH BENÖTIGT WERDEN, ABER AUCH GENERELL NÜTZLICH FÜRS BASTELN MIT KINDERN SIND.

Ein hilfreicher Tipp zu Beginn: Passen Sie die Projekte an Ihre bereits vorhandenen Materialien an und an das, was Ihre Kinder gerne basteln möchten. Die Ergebnisse erhalten dadurch eine persönlichere Note und Ihre Kinder haben noch mehr Spaß dabei. Auch freuen sich Kinder immer sehr über eine Kiste voller bunter Bastelmaterialien.

FARBE

Für alle Projekte im Buch wurde Acrylfarbe verwendet, denn sie hat eine hohe Deckkraft. Sie können auch Kindermalfarben benutzen, aber das Resultat könnte nicht so farbenfroh werden. Um Flecken zu vermeiden, decken Sie Oberflächen ab und ziehen Sie sich einen Malerkittel über.

KLEBEBAND

Um mehr Farbe in die Projekte zu bringen, eignet sich buntes Klebeband, das zudem sehr robust und langlebig ist. Kreppband hält Projekte zusammen, während der Kleber trocknet. Für sauberes Arbeiten und sofortiges Festkleben ist doppelseitiges Klebeband gut geeignet.

KLEBSTOFF

Klebstoff, Klebestift und Bastelkleber (Weißleim auf PVA-Basis) sind nützliche Helfer. Sehr praktisch ist auch eine Heißklebepistole, da der Kleber schnell trocknet. Sie ist zudem eine gute Alternative, falls der Klebestift nicht ausreichend hält. Bei der Verwendung der Klebepistole wird Ihre Hilfe benötigt.

TON UND TEIG

Lufttrocknender Ton ist günstig, leicht zu verarbeiten und zu bemalen und somit perfekt fürs Modellieren. Für kleinere Projekte eignet sich farbige Modelliermasse (z.B. FIMO®). Salzteig kann einfach aus Mehl, Salz und Wasser hergestellt werden. Er ist nach dem Backen sehr stabil und langlebig – gerade richtig für den Scherzkackhaufen!

LEBENSMITTELFARBEN

Mithilfe von Lebensmittelfarben können die Projekte noch schauriger gestaltet werden. Gelfarben sind dabei farbintensiver und verwässern nicht.

PLASTIKKÄFER

Kaufen Sie ein oder zwei Packungen Plastikkäfer. Sie verleihen jedem Projekt einen zusätzlichen Gruselfaktor. Sie sind online oder in Bastelläden erhältlich, vor allem um Halloween herum.

Basteln mit Kindern

DAHEIM ZU BASTELN, MACHT VIEL SPASS UND IST WUNDERBAR, UM DER FANTASIE FREIEN LAUF ZU LASSEN. ABER ES KANN AUCH STRESSIG WERDEN. KINDER KÖNNEN IN KÜRZESTER ZEIT EIN GEWALTIGES CHAOS VERURSACHEN. HIER FINDEN SIE EIN PAAR BASTELTIPPS FÜR EINEN REIBUNGSLOSEN ABLAUF!

SICHERHEITS-HINWEIS

Einige im Buch verwendete Materialien können Hautreizungen hervorrufen und müssen mit Bedacht gehandhabt werden. Seien Sie beim Umgang mit Chemikalien, Farben und Klebstoffen generell vorsichtig und waschen Sie sich danach die Hände.

Kommen Cutter, Herd, Heißklebepistole oder chemische Stoffe ins Spiel, ist, je nach Alter der Kinder, die Hilfe eines Erwachsenen nötig.

DIE KRIMSKRAMS-KISTE

Überlegen Sie, bevor Sie Dinge wegwerfen, ob Ihre Kinder daraus etwas basteln könnten. Heben Sie interessant aussehende Schachteln, Papprollen, Deckel, Stoffreste, Knöpfe usw. auf. Verstauen Sie alles in einer großen Kiste. Kinder lieben es, Dinge zusammenzukleben, um daraus etwas Fantasievolles zu basteln.

DIE ABDECKUNG

Decken Sie vor dem Bastelstart alle Oberflächen und Kleidung (auch Ihre eigene) mit Wachstischdecken und Schürzen ab. Ihre alten T-Shirts sind der ideale Schutz für die Kleidung Ihrer Kinder.

DIE VORBEREITUNG

Legen Sie alle benötigten Materialen für Ihre Kinder vorab bereit. Dadurch wird das Interesse der Kinder aufrechterhalten, denn kein Kind hat viel Geduld. Können Ihre Kinder nicht gut teilen, bereiten Sie für jedes Kind eine eigene Schüssel mit Materialien vor.

IHRE BETEILIGUNG

Kindern fällt es schwer, Ihrer Vorstellung des Projekts zu folgen. Ihre gutgemeinte Hilfe führt dazu, dass Sie das Projekt übernehmen und alleine basteln! Setzten Sie sich stattdessen dazu und arbeiten Sie an Ihrem eigenen Projekt. Daran können sich Ihre Kinder orientieren. Halten Sie die Kinder-Ästhetik aus! Ihre Kinder werden so mehr Spaß und Freude haben.

DER BASTELVORRAT

Haben Sie immer einen Grundvorrat an Materialien (siehe Liste auf Seite 9) griffbereit daheim, zum Beispiel in einer Werkzeugkiste. So sind Sie immer auf spontane Bastelaktionen an Regentagen vorbereitet.

KINDER SOLLEN STOLZ AUF IHRE ARBEIT SEIN

Präsentieren Sie die Kunstwerke Ihrer Kinder! Wenn Sie nicht ALLE Werke aufheben können, machen Sie Fotos davon und sammeln diese in einem Fotobuch.

Eklige Projekte

Schlammküchlein

ISST DU GERNE SCHLAMMKUCHEN? UND BEISST DU GERNE IN ESSBARE SCHNECKEN HINEIN? SAG'S NICHT WEITER, ABER DIESE SCHOCK-KUCHEN SIND EIGENTLICH MIT SCHOKOLADE GEFÜLLTE LECKEREIEN! ALLE ANDEREN DENKEN HOFFENTLICH, ES HANDELT SICH UM SCHLAMM UND DU KANNST DIE KÜCHLEIN ALLEINE ESSEN!

SPEZIAL-TIPP
Entferne vor dem Essen Schnittlauch und Minzblätter von den Küchlein!

DAS BRAUCHST DU:
(ergibt 8 Küchlein)

kleine Tartelettes (1 Packung)
100 g Frischkäse
50 g weiche Butter
25 g Schokoladencreme
2 fertige Schokoladenmuffins
2 EL braunen, sehr feinen Zucker
75 g Rollfondant in Schwarz
1 Handvoll Schokorosinen
1 Handvoll Minzblätter und Schnittlauch
Metalllöffel
Schüssel
Messer

SCHLAMMKÜCHLEIN **15**

1 Frischkäse, Butter und Schokocreme gut miteinander vermischen. Verteile die Masse mit einem Teelöffel auf den Tartelettenböden und streiche sie mit der Löffelrückseite glatt.

2 Zerkrümle die Muffins in einer Schüssel, rühre $1^1/_2$ Löffel Zucker unter und verteile alles auf der Schokocrememischung.

3 Streue den restlichen Zucker über die Muffinkrümel. Das sieht aus wie Sand.

4 Für die Schnecken und Käfer formst du aus dem Fondant Würstchen und Antennen für die Köpfe. Aus kleineren Würstchen entstehen die Käferbeine. Mit dem Messer kannst du anschließend Details auf den Schneckenrücken einritzen.

5 Aus den Schokorosinen entsteht ein Kieselweg. Bilde aus den Minzblättern nun kleine Büsche und aus dem Schnittlauch Gras. Zum Schluss die Schnecken und Käfer dazu: Fertig ist dein Kunstwerk!

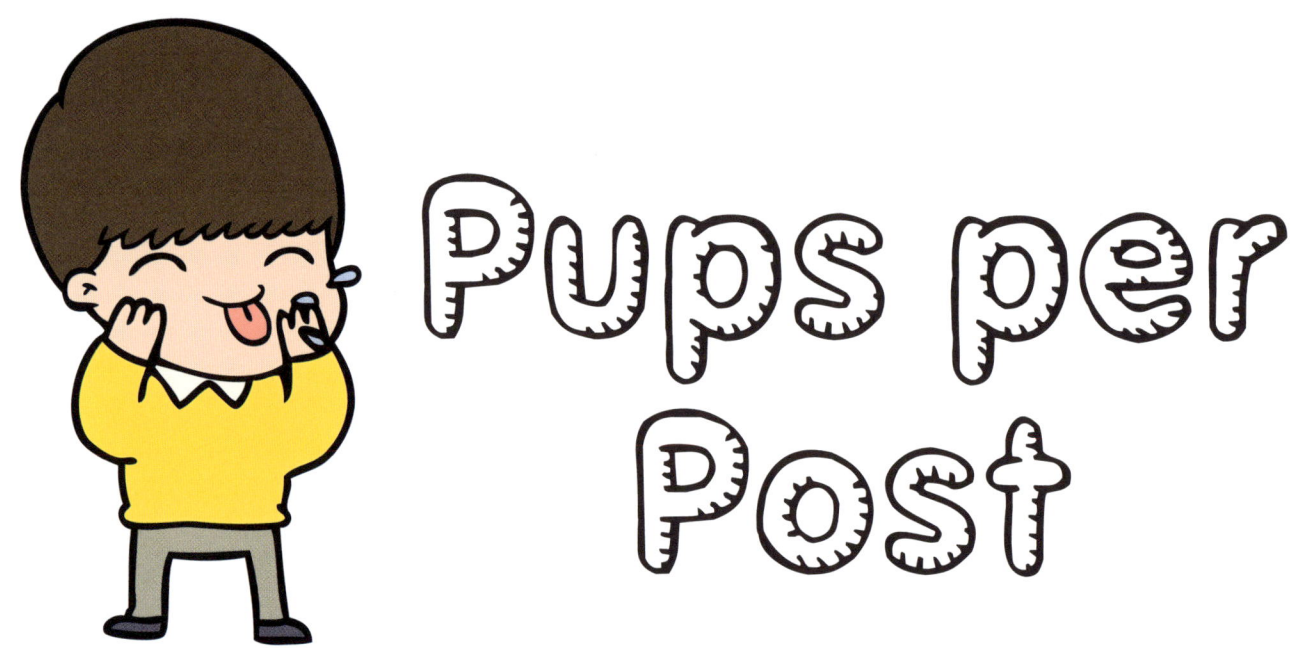

Pups per Post

WARUM KARTEN ODER GESCHENKE PER POST AN DEINE LIEBSTEN VERSENDEN, WENN DU IHNEN STATTDESSEN EINEN SCHRECKEN EINJAGEN UND PUPSE SCHICKEN KANNST? DIE PUPSMASCHINE FUNKTIONIERT IN ALLEN GRÖSSEN, ABER AM BESTEN MIT GRUSSKARTENUMSCHLÄGEN.

IGITT!

Jedes Böhnchen gibt ein Tönchen. Bohnen bestehen aus Zucker, den wir nicht verdauen können. Darmbakterien produzieren daraus Gase.

DAS BRAUCHST DU:

Zange
Draht, ø 2 mm, 13 cm lang
2 Gummibänder, ø 2 cm
Unterlegscheibe aus Metall, ø 2 cm
Grußkarte mit Umschlag

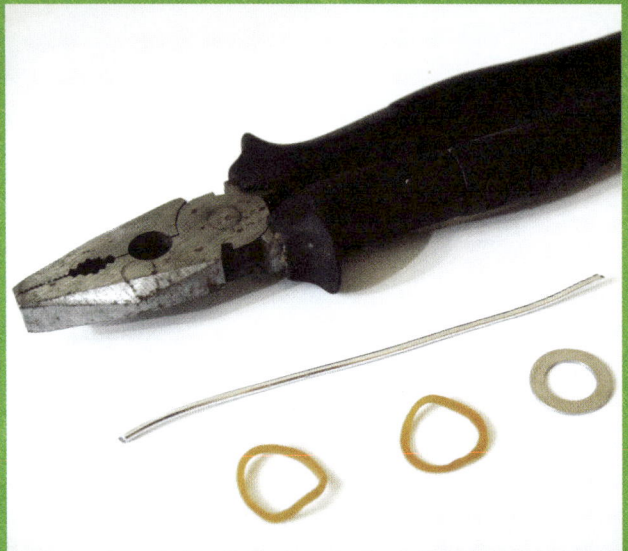

1 Drehe mit der Zange die Drahtenden ein, sodass die scharfkantigen Enden nach innen zeigen. Lass dir dabei von einem Erwachsenen helfen!

2 Befestige die Gummibänder, wie abgebildet, an den gegenüberliegenden Seiten der Unterlegscheibe.

3 Biege mit der Zange den Draht in eine C-Form, wie auf dem Foto zu sehen ist. Lass dabei 2 cm an jedem Drahtende gerade.

4 Schiebe die Gummibänder über die Drahtenden bis zum Biegungsbeginn des Cs. Nun biege die Enden nach unten, damit die Gummibänder nicht herunterrutschen. Die Gummibänder sollten gespannt sein. Wenn nicht, ziehe die Drahtenden leicht auseinander.

5 Damit deine Pupsmaschine funktioniert, drehst du die Unterlegscheibe ca. 30-mal um sich selbst und hältst sie gut fest. Nun ab damit in die Karte und schnell verschließen! Überreiche deinem Opfer die Karte und warte, bis es vor Schreck in die Luft geht. Die Gummibänder entdrehen sich beim Öffnen. Dadurch schlägt die Unterlegscheibe ans Papier und die Pupstöne entweichen!

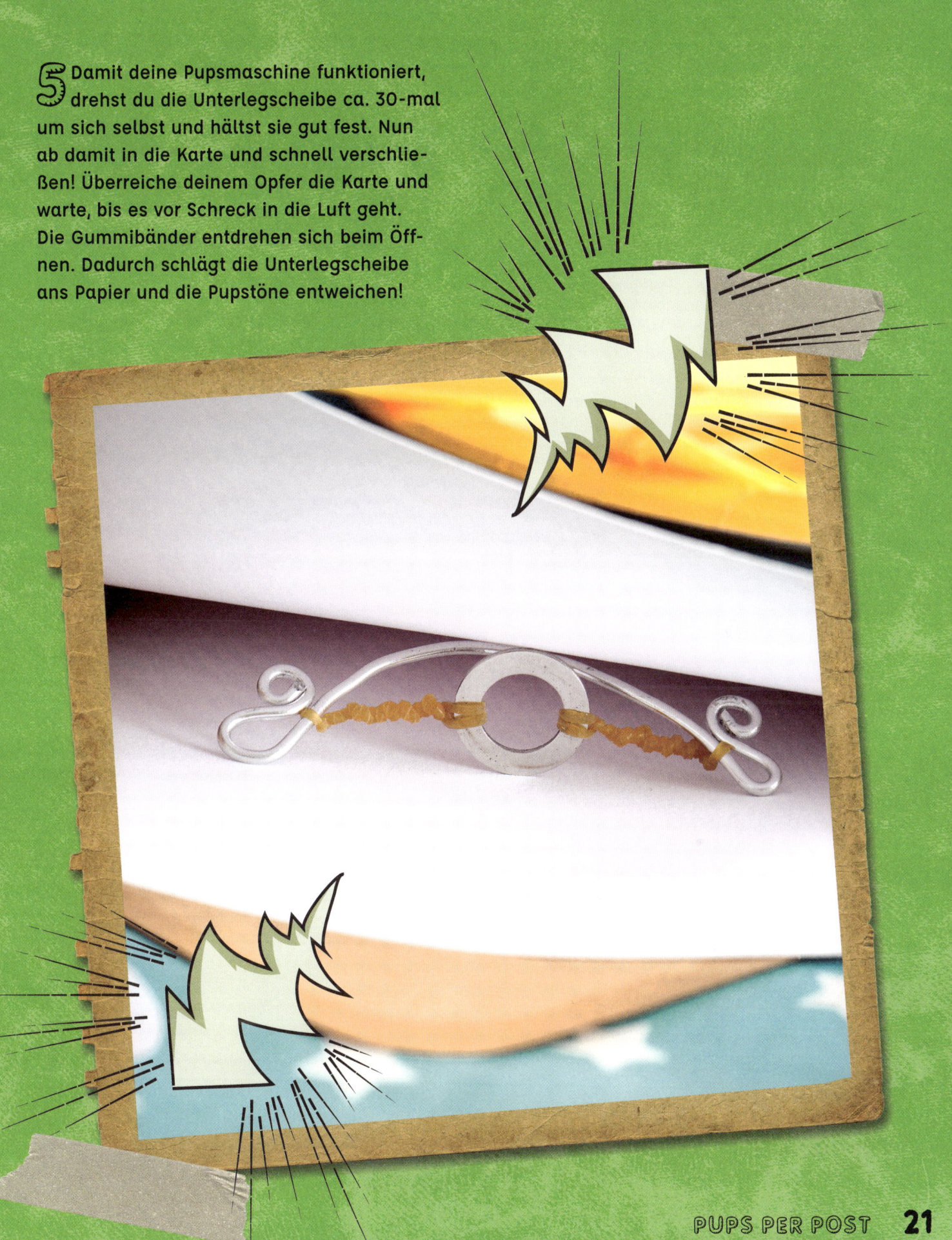

Maisstärke-Kotze

VERÄPPLE MIT DIESEM SUPERSCHNELLEN, TOTAL SCHEUSSLICHEN PROJEKT DEINE FREUNDE! NACH DEM ERSTEN IGITT-MOMENT STELLT SICH DIE KOTZE ALS EINE FANTASTISCHE, GLIBBERIGE SPIELMASSE HERAUS. KLOPFST DU MIT DEN FINGERN AUF DIE MASSE, IST SIE HART. RUHEN DEINE FINGER DARAUF, SO VERSINKEN SIE LANGSAM DARIN. DIESE FLÜSSIGKEIT BEZEICHNET MAN ALS NICHT-NEWTONSCHES FLUID.

IGITT!

Erbrochenes kann viele Farben haben, je nachdem, was du vorher gegessen hast.

DAS BRAUCHST DU:

250 g Maisstärke (Speisestärke)
1 Tasse Wasser
Lebensmittelfarbe in Gelb und Grün
2 EL getrocknete Erbsen
2 EL Möhren, in kleine Stücke geschnitten
2 EL Zuckermais
1 EL Linsen
1 EL Nüsse, gehackt
Cocktailspieß oder Löffel
Schüssel

1 Gib die Stärke in eine Schüssel und füge nach und nach Wasser hinzu, bis eine gleichmäßige Masse entsteht.

2 Nun gibst du mit einem Cocktailspieß oder Löffel etwas gelbe und grüne Lebensmittelfarbe hinzu und vermischst alles. Füge solange Farbe hinzu, bis du deine gewünschte Ekelfarbe erreicht hast.

3 Zum Schluss kommen das Gemüse, die Linsen und die gehackten Nüsse dazu. Vermische alles gut.

MAISSTÄRKE-KOTZE

Fake-Kacke

SALZTEIG-FAKE-KACKE HERZUSTELLEN, MACHT SPASS UND ERFORDERT KEIN BESONDERES GESCHICK. AUS SALZTEIG LASSEN SICH WUNDERVOLLE SACHEN ZAUBERN (ABER AUCH EKLIGE). DIESE KACKWÜRSTCHEN SEHEN SUPERECHT AUS. VERTEILE SIE IN DER WOHNUNG UND VOR DER HAUSTÜR, UM ANDERE ZU ERSCHRECKEN!

DAS BRAUCHST DU:

150 g Salz
150 g Weizenmehl
bis zu 120 ml lauwarmes Wasser
Schüssel und Löffel
mit Backpapier ausgelegtes Backblech
Acrylfarbe in Braun, Schwarz und Gelb
Pinsel
Moosgummirest in Gelb
Klarlack
Schere und Kleber

IGITT!

Mais kommt unten wieder so heraus, wie er oben hinein- kam, da die Zellwand aus unverdaulicher Zellulose besteht.

1 Heize den Backofen auf 100 Grad vor. Vermische Mehl und Salz in einer Schüssel.

2 Füge nach und nach lauwarmes Wasser hinzu, bis ein geschmeidiger Teig entsteht. Ist der Teig zu weich, musst du noch etwas Mehl hinzufügen. Ist er zu trocken, knetest du noch einige Tropfen Wasser ein.

3 Forme aus dem Teig auf einer leicht bemehlten Arbeitsfläche Würstchen und leg sie dann auf ein mit Backpapier ausgelegtes Blech.

4 Jetzt brauchst du einen erwachsenen Helfer: Backe den Teig für 2 bis 3 Stunden, bis er hart ist. Wende alle Teile nach der Hälfte der Zeit. Lass die Würstchen nach dem Backen abkühlen.

5 Mische verschiedene Brauntöne an und bemale damit den Salzteig. Lass dann die Farbe trocknen.

6 Für den Mais schneidest du kleine Stücke aus gelbem Moosgummi aus und klebst sie auf einige Kackwürstchen.

7 Trage eine Schicht Lack auf und lass sie trocknen. Der milchige Lack wird während des Trocknens klar. Ist alles vollständig getrocknet, kannst du deine Eltern in Panik versetzten. Verstecke die Kackwürstchen im Haus! Wie wäre es in der Brotdose oder im Bett?

Stinkende Socken-schleuder

VERWAISTE SOCKEN ERHALTEN HIER EIN ZWEITES LEBEN. VERWANDLE SIE IN SCHLEUDERN UND DU HAST EIN PERFEKTES SPIEL FÜR DRINNEN UND DRAUSSEN, JE NACHDEM, OB ES REGNET ODER DIE SONNE SCHEINT!

IGITT!

Socken stinken aufgrund von Bakterien, die feuchte und dunkle Orte lieben. Und wo ist es am schönsten? In deinen Socken an heißen Tagen: Bakterien-Party-Time! Zeit zum Vermehren!

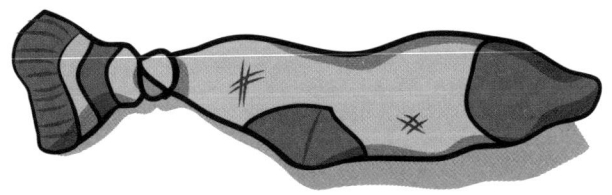

DAS BRAUCHST DU:

4 alte, große Socken
4 Becher Sand
große, farbige Papierbögen
Schere
Bambusstöcke, Schnur oder Band
Bleistift

1 Zuerst befüllst du jeden Socken mit etwa einer Tasse Sand. Dann knotest du die Socken oben zu.

2 Male die Zahlen 2, 4, 6, 8 und 10 auf farbiges Papier vor. Die Zahlen sollten dabei die ganze Seite ausfüllen. Schneide sie dann aus.

3 Leg die Bambusstöcke auf den Boden und bilde ein Spielfeld. In jedes Feld legst du nun eine Zahl.

4 Wechselt euch beim Spielen ab. Wer schafft es, mit zwei Socken die meisten Punkte zu erzielen?

Nagel im Finger

MIT DIESEM ZUM BRÜLLEN LUSTIGEN SCHERZ GAUKELST DU DEINEN

FREUNDEN VOR, EIN NAGEL WÜRDE IN DEINEM FINGER STECKEN. AUA!

NOCH ETWAS MULLBINDE UND ROTE FARBE UND SCHON

IST DER REALISTISCH AUSSEHENDE NAGEL

IM FINGER FERTIG!

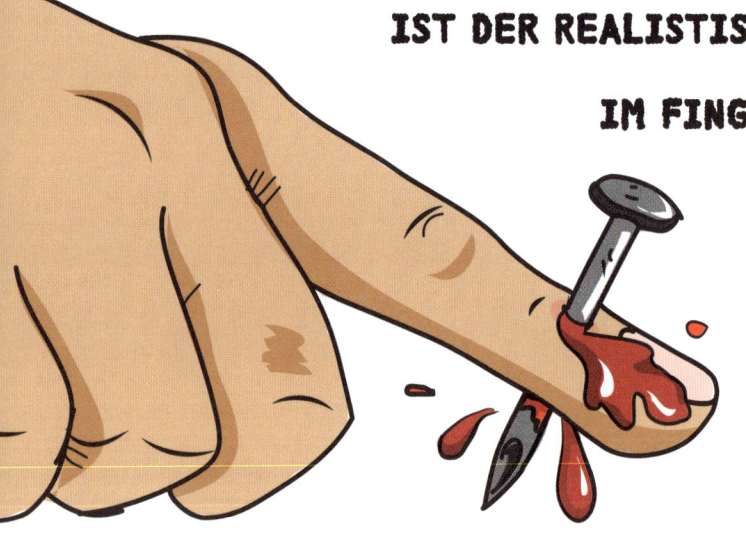

DAS BRAUCHST DU:

Moosgummi in Hautfarbe
doppelseitiges Klebeband
Nagel, 3–4 cm lang
lockergewebte Mullbinde oder
 1 Stoffstreifen in Weiß
Acrylfarbe in Rot, Braun und Gelb
Schere
Zange
Heißklebepistole oder Bastelkleber
Pinsel

SPEZIAL-TIPP

**Verwende lockergewebte
Mullbinde, damit der Nagelkopf
durch die Binde passt! Anstelle
der Mullbinde geht auch ein
Stück weißer Stoff, in das du ein
Loch schneidest. So erzielst
du den gleichen Effekt.**

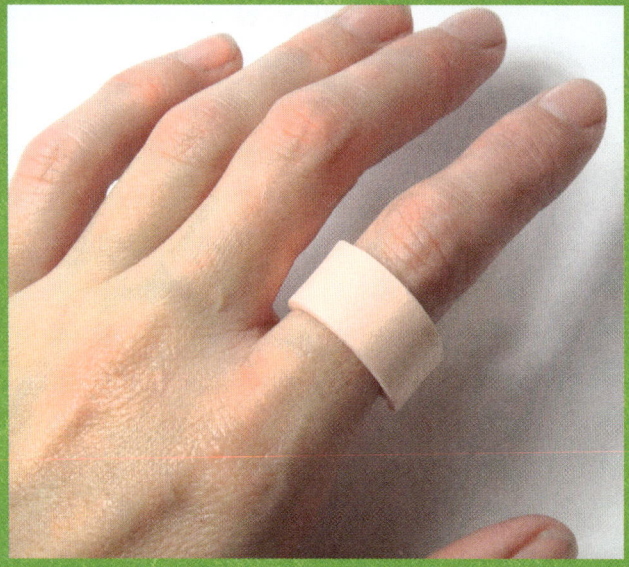

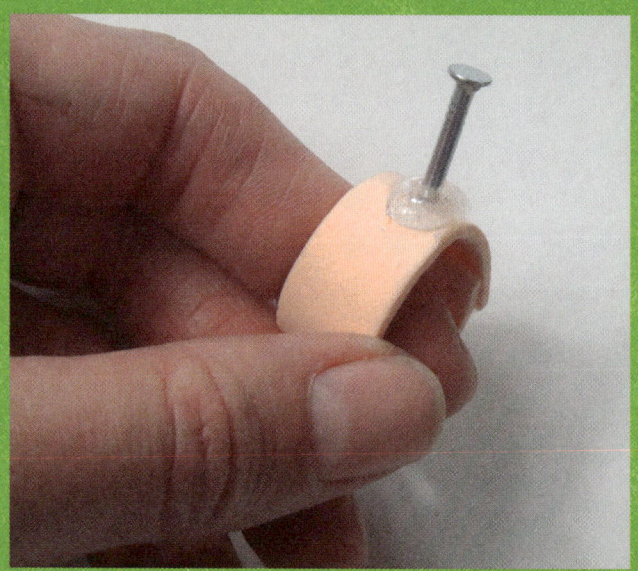

1 Schneide zuerst einen 1 cm breiten Streifen aus dem Moosgummi zurecht, der einmal um deinen Finger passt und sich leicht überlappt. Klebe nun mit doppelseitigem Klebeband den Ring zusammen.

2 Entferne mit der Zange das spitze Nagelende und halbiere den Nagel. Mit der Heißklebepistole wird der obere Teil des Nagels mit viel Kleber am Moosgummi befestigt. Lass das bitte einen Erwachsenen machen! Halte den Nagel fest, bis der Kleber getrocknet ist. Verwendest du Bastelkleber, verlängert sich die Trocknungszeit.

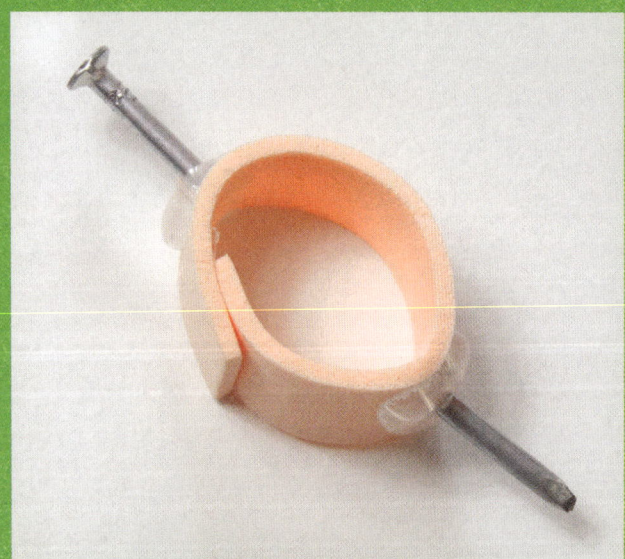

3 Befestige den unteren Nagelteil wie in Schritt 2 beschrieben. Damit es echt aussieht, sollten sich die Nagelstücke genau übereinander befinden. Halte den Nagel solange fest, bis der Kleber trocken ist.

4 Nun kannst du die Mullbinde um den Ring wickeln. Drücke den Nagel dabei durch die Binde. Verwendest du weißen Stoff, dann schneide an den Stellen, wo sich die Nagelteile befinden, jeweils ein Loch in den Stoff hinein.

5 Hast du den Ring zweimal umwickelt, klebst du das Ende der Mullbinde fest.

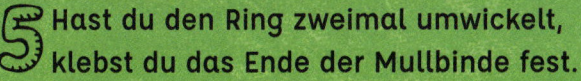

6 Damit die rote Farbe dünnflüssiger wird, mischst du sie mit Wasser. Bemale die Binde damit an der Ein- und Austrittsstelle des Nagels. Misch gelbe und braune Farbe dazu, damit es noch realistischer wirkt. Ist alles trocken, kann der Schock-Schreck-Streich beginnen!

Katzenkot-Pralinen

OB KATZENKOT SCHMECKT? ALSO DIESE VARIANTE AUF JEDEN FALL! EINMAL PROBIERT, KANNST DU NICHT GENUG DAVON BEKOMMEN. DIESE PRALINEN SIND EINFACH HERZUSTELLEN UND SEHEN TOTAL ECHT AUS. NIMM DIR EINE UND ISS SIE! DEINE FREUNDE WERDEN SICH VOR EKEL SCHÜTTELN.

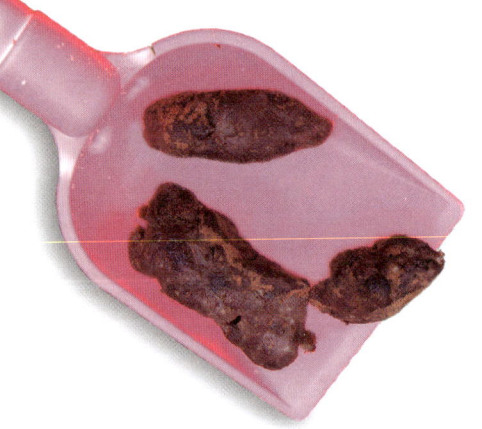

DAS BRAUCHST DU:
(ergibt etwa 25 Pralinen)

140 g Milchschokolade
60 ml Crème double
25 g Butter
2 Butterkekse
25 g getrocknete Aprikosen, gehackt
25 g Sultaninen, gehackt
Abrieb einer Zitrone
2 EL Kakaopulver
hitzebeständige Schüssel
Kochtopf
Metalllöffel
Gefrierbeutel
Nudelholz

SPEZIAL-TIPP
Serviere die Pralinen bei einer Party in einer Katzenstreuschaufel, um den größten Ekeleffekt zu erzielen!

1 Hacke die Schokolade klein, gib sie in die hitzebeständige Schüssel und füge Crème double und Butter hinzu.

2 Lass die Mischung im Wasserbad unter Rühren langsam schmelzen und danach abkühlen. Lass dir dabei von einem Erwachsenen helfen!

3 Fülle die Butterkekse in einen Gefrierbeutel und verschließe ihn gut. Zerkleinere die Kekse mit dem Nudelholz. Sind ein paar größere Krümel dabei, macht das nichts. Dadurch wirkt der Kot nur noch viel realistischer!

4 Hebe die Kekskrümel, Aprikosen, Sultaninen und den Zitronenabrieb unter die Schokolade. Lass die Masse im Kühlschrank fest werden (ca. 3 Stunden).

SPEZIAL-TIPP

Wie wäre es mit einer Katzenstreu-Torte? Dafür bestreust du einen quadratischen Kuchen mit gemahlenen Mandeln und Zucker als Katzenstreu und verzierst ihn mit deinen leckeren Pralinen.

5 Nach dem Kühlen sollte die Masse schön fest sein. Forme mit dem Löffel kleine Häufchen aus der Masse.

6 Gib etwas Kakao auf die Arbeitsfläche. Rolle die Häufchen zu unterschiedlichen, kotförmigen Würstchen und wälze sie im Kakao. Forme sie in den Händen weiter.

Abgetrennter Daumen

AUS GIPS LÄSST SICH DIESER UNGLAUBLICH REALISTISCH AUSSEHENDE DAUMEN SEHR EINFACH UND SCHNELL HERSTELLEN. DIESES PROJEKT IST NICHTS FÜR SCHWACHE NERVEN, DENN SCHON BEIM BASTELN KANN DIR SCHLECHT WERDEN! VERSTECKE DEN DAUMEN IM HAUS, ETWA AUF DEM SCHNEIDEBRETT IN DER KÜCHE ODER IN DER BESTECKSCHUBLADE ... ÜBERALL DORT, WO DU DEINEN AHNUNGSLOSEN OPFERN EINEN ENORMEN SCHRECKEN EINJAGEN KANNST!

SPEZIAL-TIPP

Wie wäre es mit mehreren abgetrennten Fingern? Einem mit Nagellack oder auch einem Zeh?

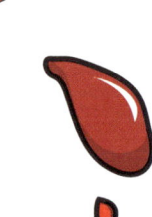

DAS BRAUCHST DU:

200 g Knete
30 g Gips
ca. 30–40 ml Wasser
Messbecher
Metalllöffel
Cocktailspieß
Schmirgelpapier
Acrylfarbe in Hautfarbe, Rot, Beige, Braun,
  Schwarz und Grau
Pinsel
Klarlack

VORSICHT!

Gips erhitzt sich bei der Zugabe von Wasser. Bitte einen Erwachsenen, dir zu helfen!

1 Forme eine Knetkugel und drücke deinen Daumen langsam in sie hinein. Da die Kugel auf dem Tisch liegt, entsteht eine flache Unterseite. Drücke die Knete bis zum Gelenk fest um deinen Daumen. Um den Knetabdruck nicht zu beschädigen, löse den Daumen sehr vorsichtig aus der Knete.

2 Gib den Gips in einen Messbecher und füge nach und nach Wasser hinzu. Verrühre alles, bis eine geschmeidige, klumpenfreie Masse entsteht. Bei Bedarf fügst du noch etwas Wasser hinzu. Gieße die Masse in die Knetform und lass sie aushärten.

3 Etwa nach einer halben Stunde beginnt die Gipsoberfläche zu trocknen. Raue sie mit einem Cocktailspieß auf, damit sie nicht glatt aussieht.

4 Lass den Gips für mehrere Stunden aushärten. Dann kannst du den Daumen aus der Form lösen.

5 Entferne alle Knetreste und lass den Daumen am besten über Nacht trocknen. Unschöne Stellen (vielleicht hat sich deine Knetform doch etwas verformt?) kannst du mit Schmirgelpapier ausbessern.

6 Male zuerst den ganzen Daumen in Hautfarbe an. Indem du andere Farben untermischst, verleihst du ihm mehr Struktur. Um noch echter zu wirken, füge Falten hinzu und umrande den Nagel.

8 Male mit Klarlack über den Nagel und das Blut, damit es glänzt. Der zuerst milchige Lack wird durch das Trocknen klar. Lass den Daumen vollständig trocknen.

7 Mische rote mit brauner Farbe und male damit die „Schnittkante" des Daumens an.

Grusel-Tasten

DIESES SPIEL HAT HOHEN EKELFAKTOR. TRAUST DU DICH, DEINE HAND IN DIESEN GEHEIMNISVOLLEN KARTON ZU STECKEN, UM DEN INHALT ZU ERKUNDEN? TIPPS FÜR WIDERLICHE INHALTE UND DEN PERFEKTEN HORRORMOMENT FINDEST DU AUF SEITE 45.

DAS BRAUCHST DU:

Pappkarton (z.B. ein Schuhkarton)
Acrylfarbe in Schwarz
Bastelfilz in Schwarz, A4
Klebeband in Silber
Fotokarton, A4
mindestens zwei Aufbewahrungsbehälter für Lebensmittel
Pinsel
Bastelkleber
runder Deckel (groß genug für eine Öffnung, durch die eine kleine Hand passt)
Bleistift

1 Zeichne für die Öffnungen zwei Kreise in gleichem Abstand auf den Kartondeckel. Nutze den runden Deckel als Schablone! Die Kreise sollten groß genug sein, damit kleine Hände hindurchpassen.

2 Nun kannst du die Kreise ausschneiden.

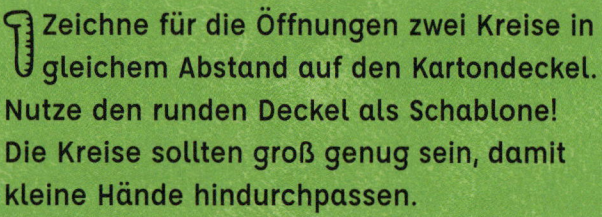

3 Male die Innen- und Außenseite des Kartons mit schwarzer Farbe an. Damit die Farbe gut deckt, trage mehrere Schichten auf. Lass alles gut trocknen.

4 Viertle den schwarzen Filz. Für jedes Loch benötigst du zwei Filzstücke. Klebe sie so hinter die Löcher, dass Klappen entstehen, durch die man die Hand stecken kann, ohne zu sehen, was sich im Pappkarton befindet.

5 Klebe silbernes Klebeband auf den Fotokarton und zeichne unterschiedlich große Fragezeichen darauf. Schneide sie aus und dekoriere damit den Karton.

6 Nun wird's lustig! Überlege dir, welche widerlichen Dinge du in die Aufbewahrungsbehälter tun möchtest. Stelle zwei befüllte Behälter in den Karton. Nun könnt ihr eure Hände durch die Öffnungen stecken (nicht schummeln!) und erraten, was sich im Innern des Kartons verbirgt.

IDEEN FÜRS GRUSEL-TASTEN

Würmer – gekochte Spaghetti

Erbrochenes – kalter Haferbrei

Augäpfel – geschälte Weintrauben

Finger – Hotdog-Würstchen

Spinnen – Plastikspinnen und Wattebällchen

Skelett – gesäuberter Hühnerknochen

Maisstärke-Kotze (siehe Seite 22) und **Eingeweide-Schleim** (siehe Seite 58) eignen sich auch sehr gut.

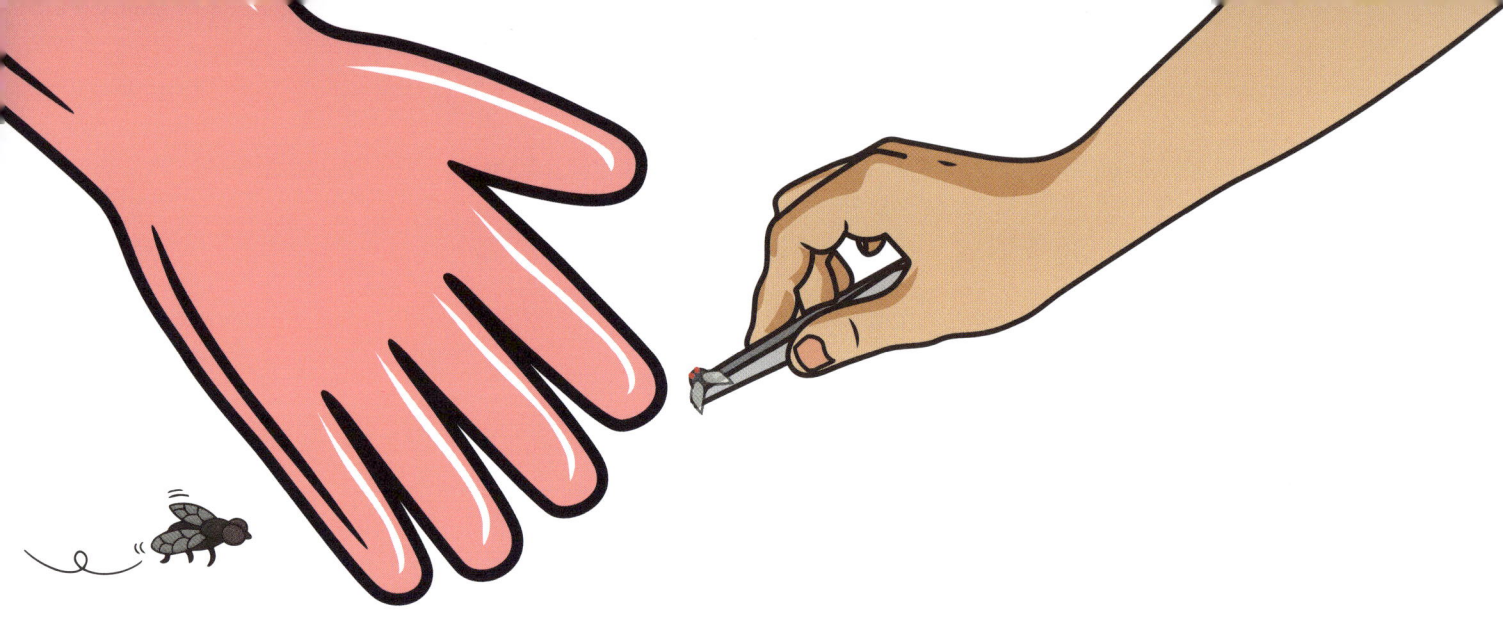

Eishand

JETZT WIRD'S BLUTIG! WIR FÜHREN EINE OBDUKTION DURCH. SCHAURIGE KRABBELTIERE AUS PLASTIK FINDEST DU ONLINE ODER UM HALLOWEEN HERUM IM SCHREIBWARENLADEN.

SPEZIAL-TIPP

Mach einen Wettbewerb daraus: Der Reihe nach darf jeder 30 Sekunden lang versuchen, so viele Tiere wie möglich aus der Hand zu holen. Gewinner ist, wer am meisten Tiere befreit hat.

DAS BRAUCHST DU:

Lebensmittelfarbe in Rot
Wasser
1 Handvoll Krabbeltiere aus Plastik
Garn in Rot
einen alten Gummihandschuh
Gummiband
Schere
Pinzette
Tablett
Teller oder Schüssel
Löffel

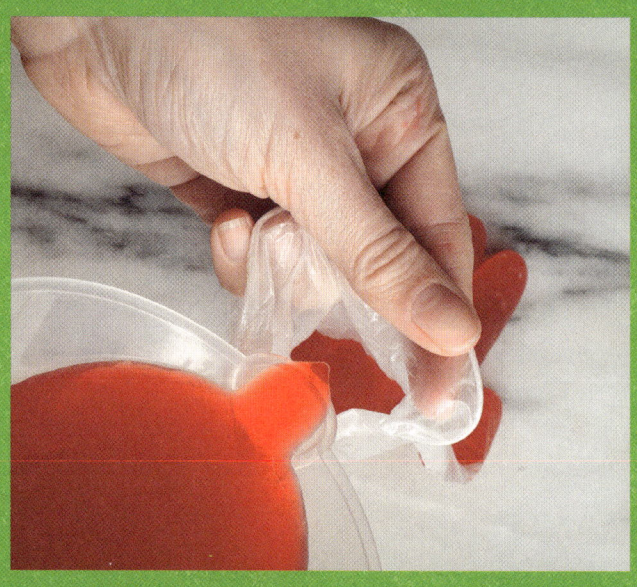

1 Fülle Wasser in ein Gefäß und gib rote Lebensmittelfarbe hinzu, bis das Wasser die Farbe von Blut hat.

2 Halte den Handschuh oben fest und gieße die Mischung hinein.

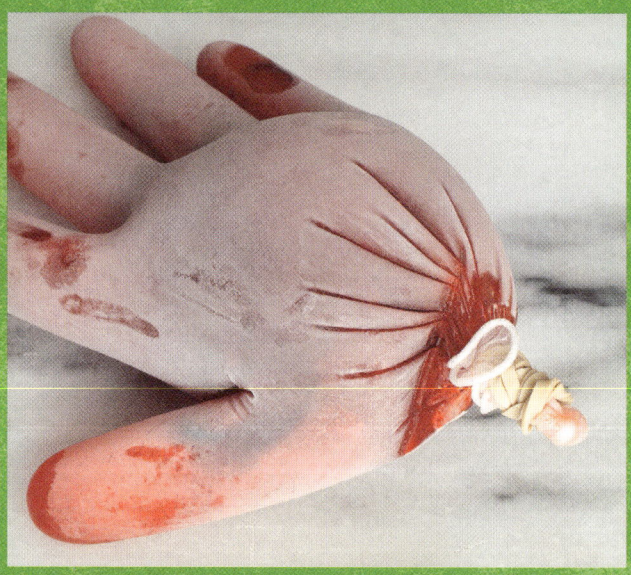

3 Gib nun die schaurigen Krabbeltiere und einige rote Garnfäden als Adern dazu.

4 Verschließe den Handschuh mit einem Gummiband über dem Waschbecken. Leg ihn in den Gefrierschrank, bis alles komplett gefroren ist. Das dauert mindestens einen ganzen Tag.

SPEZIAL-TIPP

Denk daran, deine Kleidung abzudecken, bevor du dich ans Werk machst! Rote Lebensmittelfarbe verursacht unschöne Flecken. Bist du richtig mutig? Dann verwende statt Lebensmittelfarbe Badefarbe und nimm deine Eishand mit in die Wanne! Das wird ein schauriges Blutbad.

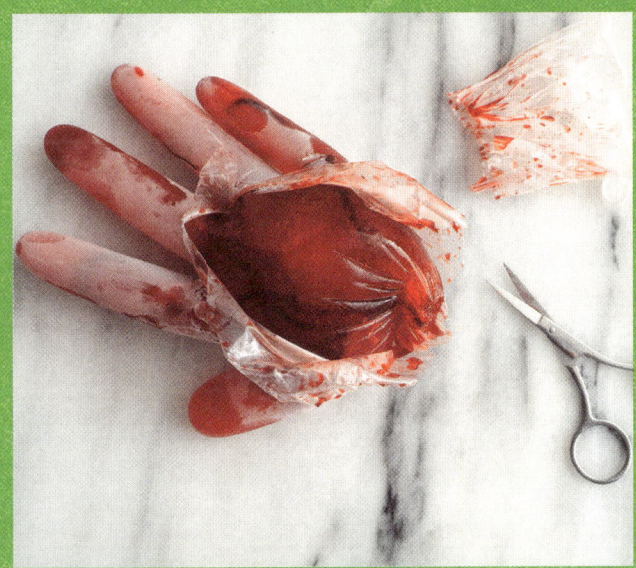

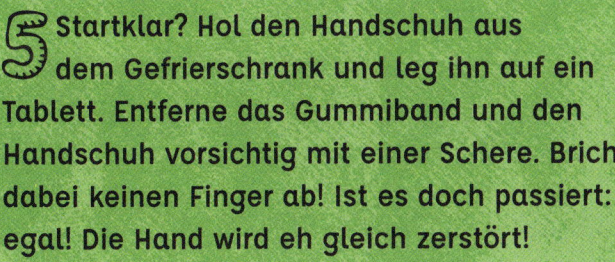

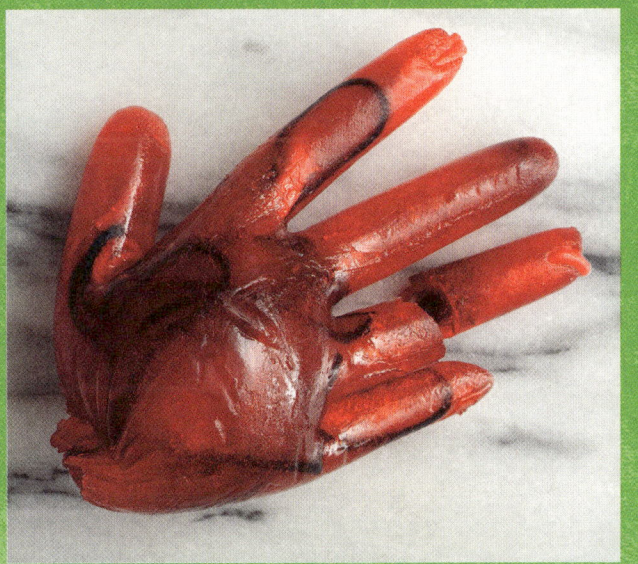

5 Startklar? Hol den Handschuh aus dem Gefrierschrank und leg ihn auf ein Tablett. Entferne das Gummiband und den Handschuh vorsichtig mit einer Schere. Brich dabei keinen Finger ab! Ist es doch passiert: egal! Die Hand wird eh gleich zerstört!

6 Leg die Hand auf einen Teller oder in eine Schüssel. Versuche nun, die Krabbler mit der Pinzette herauszupulen. Ist das zu schwierig, kannst du die Hand in eine große Schüssel mit warmem Wasser legen und es erneut probieren.

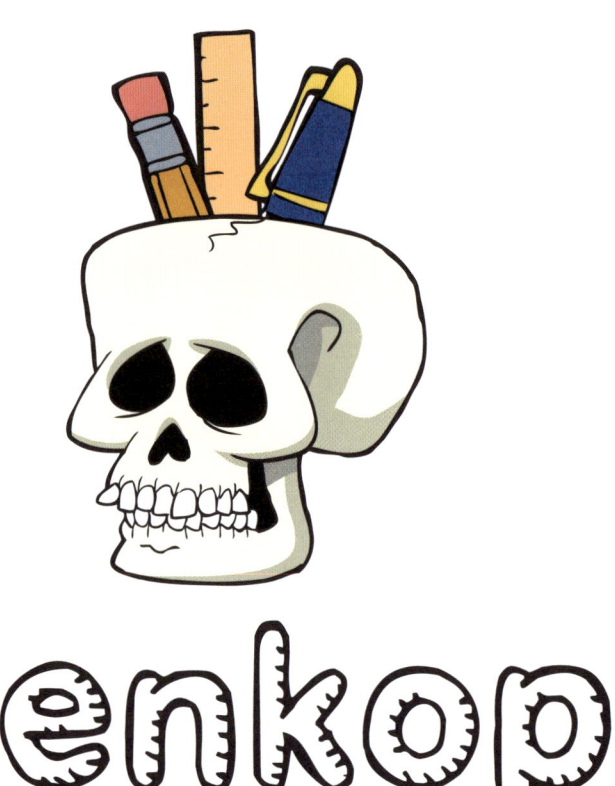

Totenkopf-Becher

DIESER SCHAUERLICHE TOTENKOPF SIEHT IN JEDEM REGAL UNHEIMLICH-SCHÖN AUS. NUTZE IHN ALS STIFTEHALTER ODER NACHTLICHT! ER LEUCHTET IM DUNKLEN UND LEISTET DIR NACHTS GESELLSCHAFT (WENN DU DICH TRAUST!). NACHTLEUCHTFARBEN KANNST DU ONLINE ODER IM BASTELLADEN KAUFEN.

SPEZIAL-TIPP

Der lufttrocknende Ton braucht Zeit zum Trocknen. Plane deshalb mehrere Basteltage für dieses Projekt ein!

DAS BRAUCHST DU:

Glasgefäß
400 g lufttrocknender Ton
wasserfester Filzstift in Rot
Nachtleuchtfarbe
Acrylfarbe in Rot
Pinsel

1 Entferne alle Etiketten vom Glas. Das Glas sollte sauber und trocken sein. Male die Konturen des Totenkopfs mit rotem, wasserfestem Filzstift auf: Augen, Nasenlöcher, Zähne und Kiefer (wie auf dem Foto gezeigt).

2 Forme aus dem Ton eine etwa 1 cm dicke Wurst. Der Ton sollte klebrig sein und sich leicht kneten lassen. Ist er zu trocken, füge noch etwas Wasser hinzu. Nun legst du die Wurst entlang der Konturen um die Augen und drückst den Außenrand mit den Fingern am Glas fest.

3 Forme die Nase auf die gleiche Weise. Fülle die Lücke zwischen Augen und Nase mit Ton aus. Streiche den Ton mit an- gefeuchteten Fingern glatt. Für die Zähne formst du kleine Ovale aus Ton. Befestige sie am Glas.

4 Rolle zwei weitere 1 cm dicke Würste aus und forme daraus den Kiefer um die Zähne. Drücke den Außenrand der Wurst ebenfalls am Glas fest. Die restlichen Zwi- schenräume füllst du mit Ton aus.

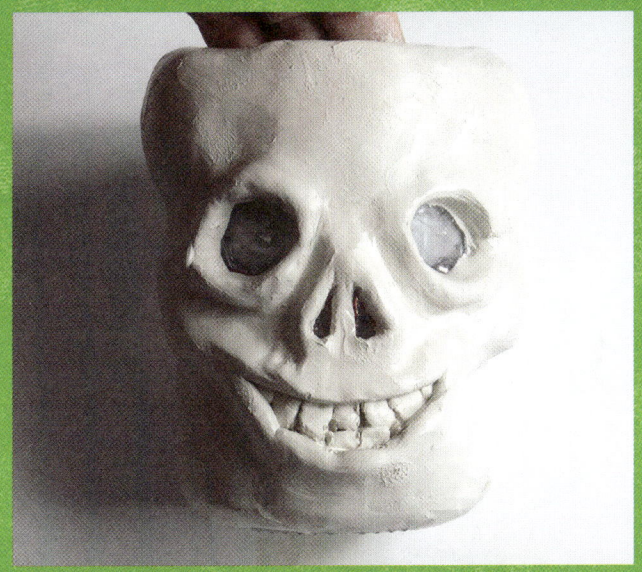

5 Bedecke das restliche Glas mit einer dünnen Tonschicht. Für einen 3-D-Effekt trägst du auf der Rückseite und den Seiten mehr Ton auf. Nun glättest du den Ton mit angefeuchteten Fingern. Lass den Ton über Nacht trocknen.

6 Durch das Trocknen kann der Ton an manchen Stellen reißen. Gefällt dir das nicht, besserst du die Risse mit feuchtem Ton aus. Dafür mischst du Ton mit Wasser, bis eine klebrige Paste entsteht. Jetzt verteilst du die Paste mit den Fingern in den Rissen und lässt sie trocknen.

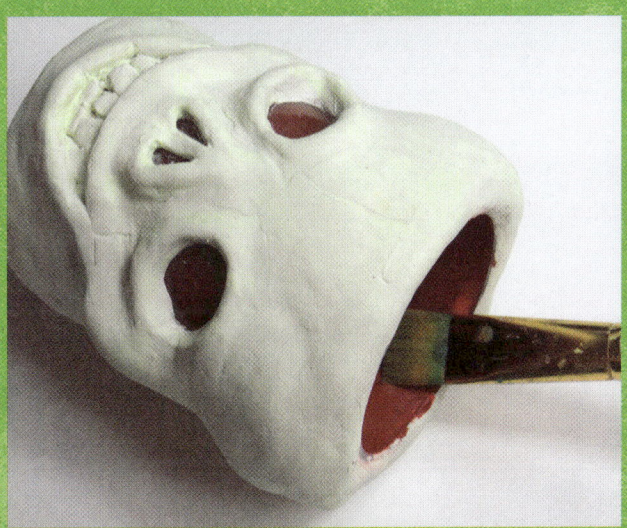

7 Bemale den Becher mit der Leuchtfarbe. Damit es intensiv leuchtet, brauchst du wahrscheinlich mehrere Farbschichten. Ist die Farbe trocken, kannst du das Leuchten testen. Halte den Becher dafür zuerst ins Licht und dann ins Dunkle.

8 Zum Schluss bemalst du die Innenseite des Bechers mit roter Acrylfarbe und lässt sie trocknen.

Giftmüll

GIFTIGER ATOMMÜLL SCHÄUMT AUS DIESER MINI-MÜLLTONNE!

ABER PSSST, DER GRÜNE SCHAUM IST NICHT WIRKLICH GIFTIG!

HIER LÄUFT EINE CHEMISCHE REAKTION AB: EIN GAS ENTSTEHT,

DAS DIE SPRUDELNDE GRÜNE SAUEREI VERURSACHT.

DAS BRAUCHST DU:

Für die Mülltonne
Joghurtbecher mit
  Plastikdeckel
Acrylfarbe in Grau
Bastelkleber
Pinsel
Klebeband in Schwarz
Schere
Chenilledraht
Filzstift in Schwarz

Für den Schaum
2 EL Geschirrspülmittel*
Lebensmittelfarbe in
  Grün
1 EL Essigessenz*
1 EL Natron*
Löffel

*Je nach Größe des
Joghurtbechers die
Menge anpassen
(Verhältnis 2 : 1 : 1).

1 Vermische zu gleichen Teilen graue Farbe mit Bastelkleber und bestreiche damit die Außenseite des Joghurtbechers. Durch den Kleber bleibt die Farbe auf dem Kunststoff haften. Damit die Farbe gut deckt, trage mehrere Farbschichten auf und lass sie trocknen.

2 Für den Mülltonnendeckel beklebst du den Joghurtbecherdeckel vollständig mit Klebeband. Überstehendes Klebeband schneidest du ab.

3 Schneide für den Griff ein 15 cm langes Stück Chenilledraht ab, halbiere und verdrehe das Stück. Umwickle den Draht, außer an den Enden, mit Klebeband. Forme daraus einen Bogen und befestige dann die flachen Enden mit Klebeband in der Mitte auf der Deckeloberseite.

4 Male schwarze, lange Rechtecke auf die Mülltonne. Stelle die Tonne auf ein altes Tablett oder mach das Experiment in einem Waschbecken.

5 Fülle die Essigessenz in die Mülltonne. Füge das Spülmittel und einige Tropfen grüne Lebensmittelfarbe hinzu und vermische alles gründlich mit dem Löffel.

6 Gib nun das Natron hinzu und verrühre alles erneut mit dem Löffel. Tritt zurück und beobachte, wie der Schaum aus der Tonne blubbert!

WIE FUNKTIONIERT'S?

Natron reagiert mit der Säure der Essigessenz, gut zu erkennen am Sprudeln. Dabei entsteh das Gas Kohlenstoffdioxid (CO_2).
Das Gas braucht mehr Platz und schäumt auf dem Weg nach oben das Spülmittel auf.

Eingeweide-Schleim

**DER SCHLEIM ERINNERT AN EKLIG-GLIBBERIGE INNEREIEN!
ER IST EXTREM KLEBRIG, WIDERLICH UND DEHNBAR UND BESTEHT
AUS KOKOSRASPELN UND QUINOA. DER FERTIGE SCHLEIM
HAT EINE WUNDERBARE KONSISTENZ. ER LÄSST SICH
HERRLICH DRÜCKEN UND QUETSCHEN.**

SPEZIAL-TIPP

**Wenn du den
Eingeweide-Schleim
in einem luftdichten
Behälter lagerst, hält
er sich einige Tage.**

DAS BRAUCHST DU:

150 g Marshmallows
200 g Mehl
90 ml Wasser
ca. 2 TL Lebensmittelfarbe in Rot
5 TL Quinoa, ungekocht
5 TL Kokosraspel
Schüssel
mikrowellengeeignetes Gefäß
Löffel

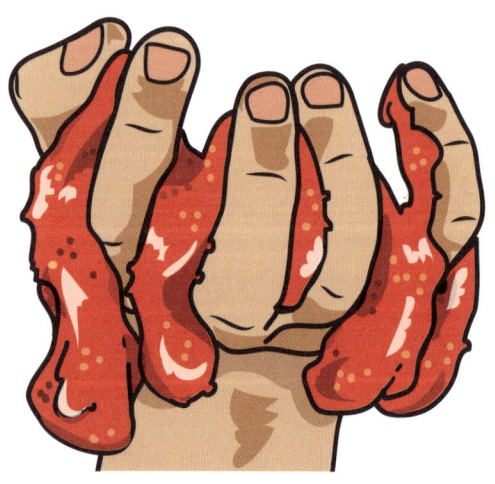

1 Gib das Mehl in die Schüssel und gieße das Wasser dazu. Verrühre alles gut mit dem Löffel.

2 Rühre nun Quinoa, Kokosraspeln und die rote Lebensmittelfarbe unter.

3 Erhitze die Marshmallows in einem geeigneten Gefäß für ca. 30 Sekunden in der Mikrowelle. Wiederhole diesen Schritt solange, bis die Marshmallows geschmolzen und ganz fluffig sind.

4 Füge jetzt die geschmolzenen Marshmallows zur Mehlmischung hinzu und verrühre alles gründlich.

5 Tauche deine Finger ein und fange an zu matschen! Wenn dir die Masse zu klebrig ist, füge noch etwas Mehl hinzu. Ist sie dir zu fest, knete warmes Wasser unter, bis dir die Konsistenz gefällt.

IGITT!

Der Dünndarm hat eine Länge von rund 7 m. Er ist damit länger als der Dickdarm, der zwar einen größeren Durchmesser hat, aber nur etwa 1,5 m in der Länge misst.

Gehirn-Piñata

DAS RIESENHIRN MUTIERT ZUM HINGUCKER AUF DEINER NÄCHSTEN GRUSELPARTY. BEFÜLLE ES MIT ESSBAREN KRABBELTIEREN UND WÜRMERN! DEINE GÄSTE WERDEN EINE BÖSE ÜBERRASCHUNG ERLEBEN.

60 Prozent des Gehirns ist Fett. Es ist somit das fetthaltigste Organ des Körpers.

DAS BRAUCHST DU:

Zeitungspapier
Bastelkleber
Wasser
Frischhaltefolie
Fahrradhelm (Erwachsenengröße)
Kreppband
UHU Alleskleber Kraft
Schnur, 1,5 m lang
Pappe, ca. 45 cm x 45 cm
Acrylfarbe in Rosa und Rot
Pinsel
Schere

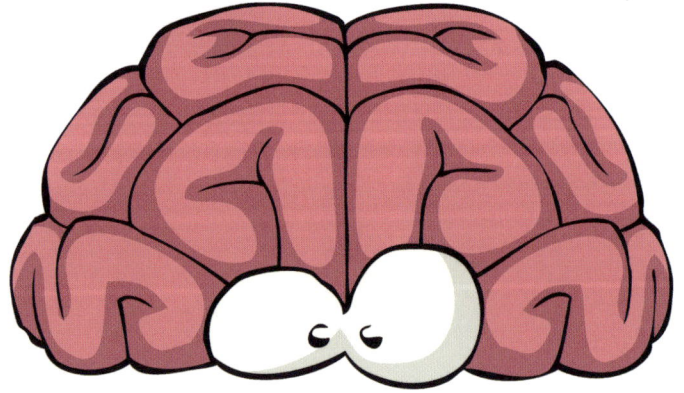

1 Bereite zuerst das Pappmaschee zu. Dafür mischst du zwei Teile Bastelkleber mit einem Teil Wasser und zerreißt die Zeitung in kleine Quadrate.

2 Umwickle den Fahrradhelm vollständig mit Frischhaltefolie. Achte darauf, dass wirklich der ganze Helm bedeckt ist und keine Lücken offen bleiben.

3 Bestreiche den Helm rundherum mit der Klebermischung. Nun ummantelst du ihn mit drei Schichten Zeitungspapier. Achte darauf, ihn vollständig zu bedecken. Alle Schichten musst du immer gut mit einem Pinsel einkleistern. Lass das Pappmaschee über Nacht trocknen.

4 Forme aus dem Zeitungspapier eine dünne Wurst (ca. 1 cm Durchmesser) und 30 dickere Würste (ca. 2,5 cm Durchmesser) und umwickle alle mit Kreppband, damit sie ihre Form behalten.

5 Klebe die dünne Wurst entlang der Mitte über den Helm, um die beiden Gehirn-hälften zu bilden. Die dickeren Würstchen werden anschließend in Schlingen auf beide Seiten des Gehirns geklebt, um die Gehirn-windungen nachzubilden.

6 Nach dem Trocknen löst du den Helm aus dem Gehirn und entfernst die Folie. Schneide mit der Schere zwei Löcher im Abstand von etwa 8 cm oben ins Gehirn. Fädle die Schnur durch die Löcher und verknote sie im Inne-ren des Gehirns. Befestige den Knoten mit Kreppband, damit er nicht verrutscht.

SPEZIAL-TIPP

Hast du keinen Fahrradhelm, dann verwende stattdessen einen aufgepusteten Luftballon.

7 Übertrage den Umriss des Gehirns auf Pappe und füge einen 2 cm breiten Rand hinzu. Scheide den Umriss aus. Nun schneide den Rand keilförmig ein, um Laschen zu bilden.

8 Zeichne in der Pappbodenmitte für die Öffnung ein Quadrat auf (ca. 8 cm x 8 cm) und öffne es an drei Seiten. Das Quadrat sollte groß genug sein, dass eine Hand hindurchpasst.

9 Knicke die Laschen des Rands nach innen und befestige den Boden am Gehirn. Benutze nur so viel Kleber, dass alles gut zusammenhält, aber durch leichtes Schlagen auseinanderfallen kann.

10 Nach dem Trocknen befüllst du deine Piñata mit Leckereien oder Krabbeltierchen aus Plastik.

11 Dann verschließt du die Klappe mit Kreppband.

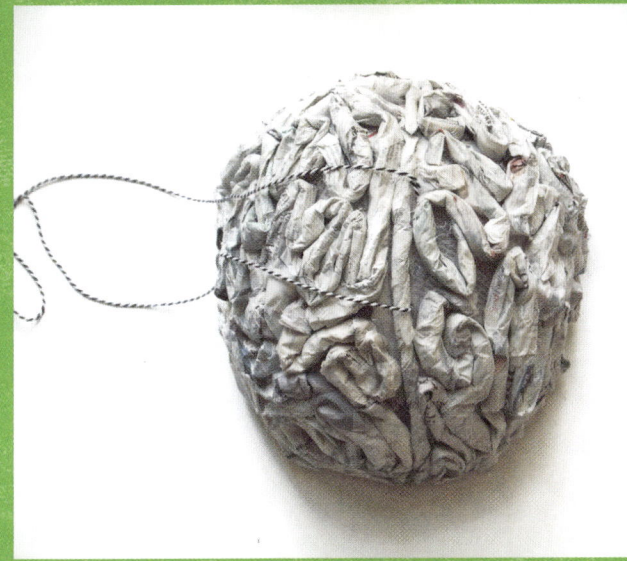

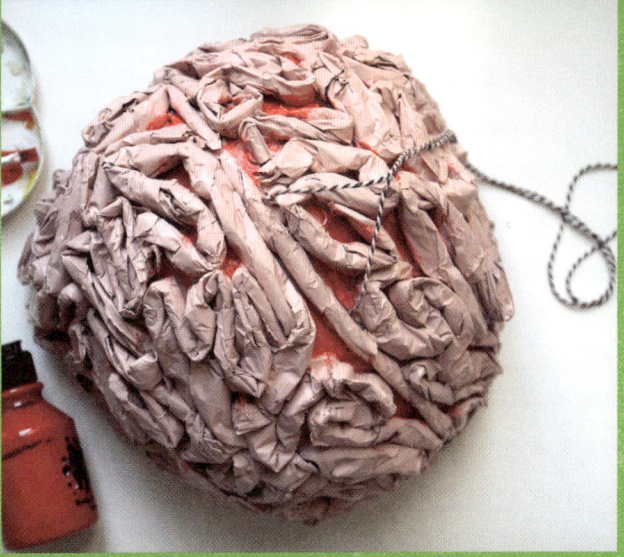

12 Male das Gehirn hellrosa an und lass es trocknen. Für eine gute Deckkraft trägst du mehrere Farbschichten auf.

13 Die Lücken zwischen den Gehirnwindungen werden mit einem dünnen Pinsel blutrot angemalt. Nach dem Trocknen trägst du eine Schicht Bastelkleber auf, damit das Gehirn schön glänzt.

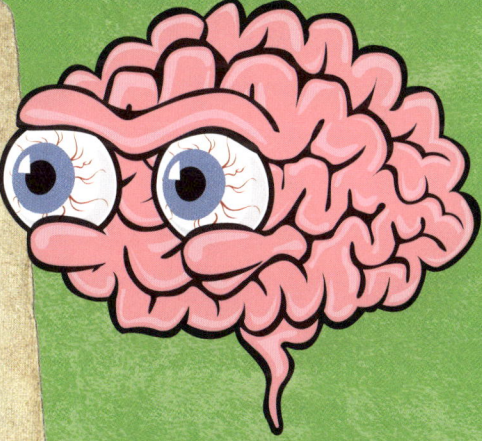

14 Befestige die Piñata in Kopfhöhe an einem Ast oder bitte einen (mutigen) Erwachsenen, die Piñata am ausgestreckten Arm zu halten. Nun schlagen die Partygäste reihum mit einem Stock drauf ein, bis das Gehirn seine Füllung freigibt.

Köstliche Augäpfel

DIESE AUGENSCHEINLICH LECKEREN, MIT WEISSER SCHOKOLADE ÜBERZOGENEN KLEINEN TÖRTCHEN BEREITEST DU AM EINFACHSTEN MIT EINER CAKE-POP-FORM ZU.

SPEZIAL-TIPP

Ohne Cake-Pop-Form backst du einen Kuchen in einer normalen Kuchenform, zerkrümelst ihn und formst die Krümel mit Buttercreme (Mischung aus Butter, Frischkäse und Puderzucker) zwischen deinen Händen zu Kugeln.

DAS BRAUCHST DU:
(ergibt etwa 20 Augäpfel)

Für den Kuchen
70 g weiche Butter
70 g sehr feinen Zucker
ein paar Tropfen Vanille-
   extrakt
2 Eier
70 g Mehl
$\frac{1}{2}$ TL Backpulver
Holzkochlöffel
Schüssel
Cake-Pop-Form
Teelöffel

Für die Verzierung
20 Schaschlikstäbchen
200 g weiße Kuvertüre oder
   weiße Schokolade
Lebensmittelgelfarbe in Blau,
   Grün, Rot und Schwarz
Schüssel
Löffel
mikrowellengeeignete
   Schüssel
Pappkarton (zum Trocknen
   der Cake-Pops)
Pinsel

1 Heize den Ofen auf 180 Grad vor. Schlage mit dem Holzkochlöffel die Butter und den Zucker schaumig. Füge das Vanilleextrakt hinzu und hebe die Eier unter. Gib Mehl und Backpulver dazu.

2 Fette die Cake-Pop-Form mit Butter ein. Fülle den Teig mit einem Teelöffel bis zum Rand in die Vertiefungen. Leg nun beide Formen aufeinander.

3 Backe die Cake-Pops bei 180 Grad für 20 Minuten im Ofen. Lass dir dabei von einem Erwachsenen helfen! Nach kurzer Abkühlzeit entfernst du die Form und lässt die Cake-Pops auf einem Kuchengitter vollständig abkühlen.

4 Stecke mithilfe eines Erwachsenen in jeden Cake-Pop ein Schaschlikstäbchen. Erwärme die Kuvertüre oder Schokolade in der Mikrowelle mehrmals für 30 Sekunden bis sie geschmolzen ist. Tunke die Cake-Pops in die Schokolade oder löffle diese darüber, bis die Cake-Pops komplett bedeckt sind.

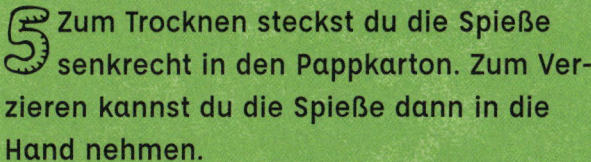

5 Zum Trocknen steckst du die Spieße senkrecht in den Pappkarton. Zum Verzieren kannst du die Spieße dann in die Hand nehmen.

6 Male mit blauer oder grüner Lebensmittelfarbe Kreise auf die Cake-Pops. Lass die Farbe für etwa 1 Stunde trocknen. Du musst vermutlich mehrere Farbschichten auftragen, damit die Farbe deckt.

SPEZIAL-TIPP

Statt Kuvertüre oder Schokolade kannst du auch Zuckerguss verwenden. Verrühre Puderzucker mit Wasser oder Zitronensaft zu einer glatten, geschmeidigen Masse. Bedecke die Cake-Pops mit Guss wie in Punkt 4 beschrieben. Vor dem Bemalen gut trocknen lassen.

7 Male mit schwarzer Lebensmittelfarbe die Pupille auf und mit roter feine Aderlinien. Ganz zum Schluss entfernst du den Spieß. Ein Augenschmaus!

Schorf zum Abkratzen

REIZT ES DICH AUCH IMMER, SCHORF ABZUKRATZEN? MIT DIESER DIY-VERSION DARFST DU DAS! ENTFERNE ZUERST DAS KLEBRIGE PFLASTER UND KRATZE DANN MIT DEN FINGERNÄGELN ODER EINER MÜNZE DEN SCHORF AB, BIS DIE WUNDE ZUM VORSCHEIN KOMMT!

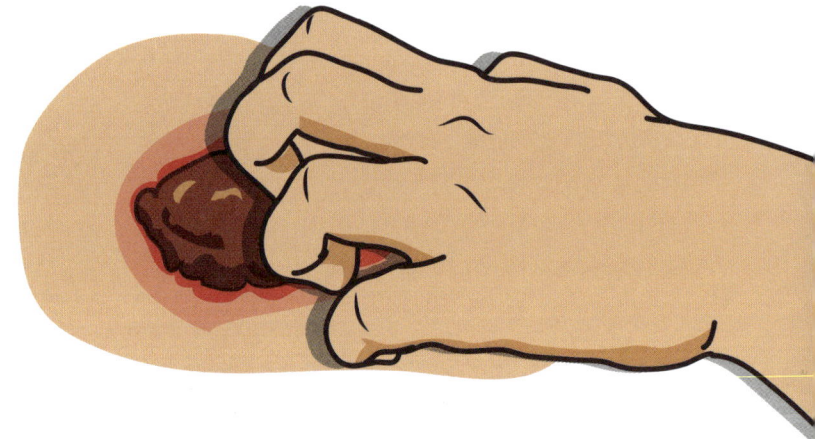

Schorf ist ein natürliches Wundpflaster, der sich innerhalb von 10 Sekunden nach einer Verletzung bildet. Spezielle Blutzellen, die sogenannten Thrombozyten, verkleben die Wunde, bilden eine schützende Barriere und stoppen den Blutfluss.

DAS BRAUCHST DU:

Fotokarton in Hautfarbe
wasserfester Filzstift in Schwarz und Rot
selbstklebende Folienstücke
Acrylfarbe in Braun und Rot
Geschirrspülmittel
Puffreis
Pflaster
Bleistift und Radiergummi
Schere

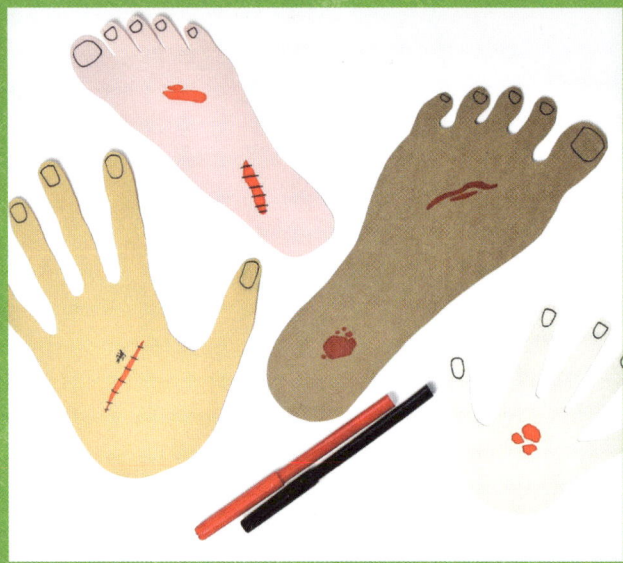

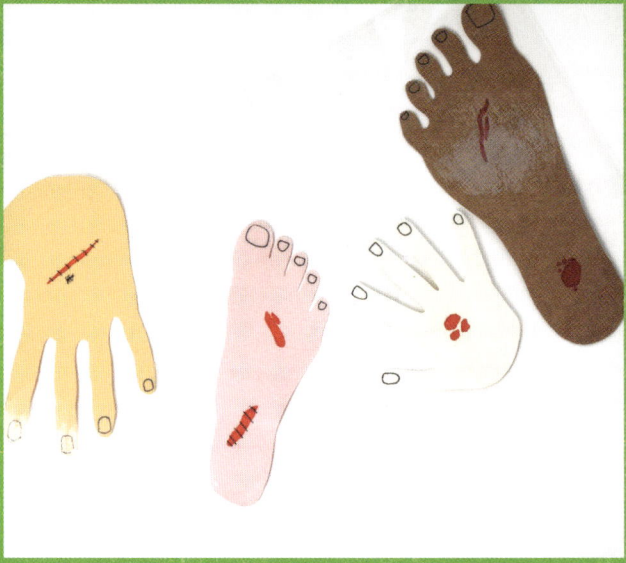

1 Übertrage deine Fuß- und Handumrisse mit Bleistift auf hautfarbenen Karton und schneide sie aus. Zeichne mit Schwarz die Zehen- und Fingernägel und mit Rot die Wunden ein. Radiere alle Bleistiftstriche weg.

2 Beklebe die Hände und Füße beidseitig mit der selbstklebenden Folie. Entferne, wenn nötig, die Luftblasen.

3 Schneide nun die Hände und Füße aus. Lass dabei einen 5 mm breiten Rand aus Folie stehen.

4 Für den Schorf mischst du zwei Teile brauner Farbe mit zwei Teilen Spülmittel. Das Gleiche machst du mit der roten Farbe. Trage mit dem Pinsel die braune Farbe auf die Folie über der Wunde auf. Umrande den Schorf mit roter Farbe und verwische die Übergänge.

SPEZIAL-TIPP

Du kannst auf diese Art auch Rubbel- und Enthüllungskarten herstellen, zum Beispiel geheime Botschaften für Freunde, Geburtstagskarten oder eine Weltkarte.

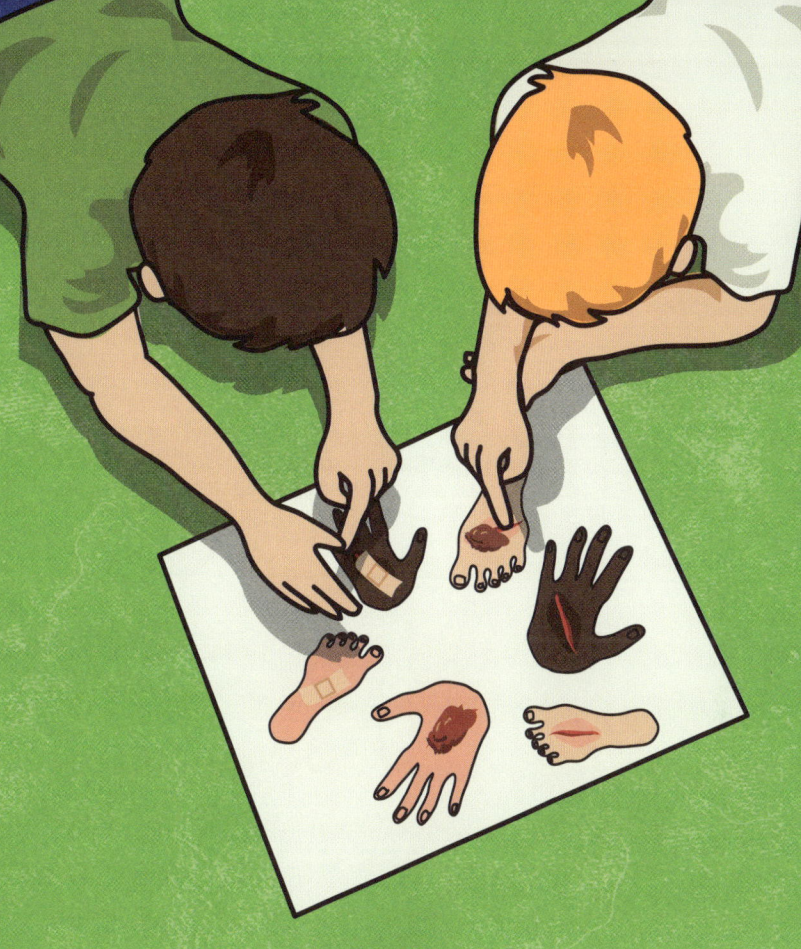

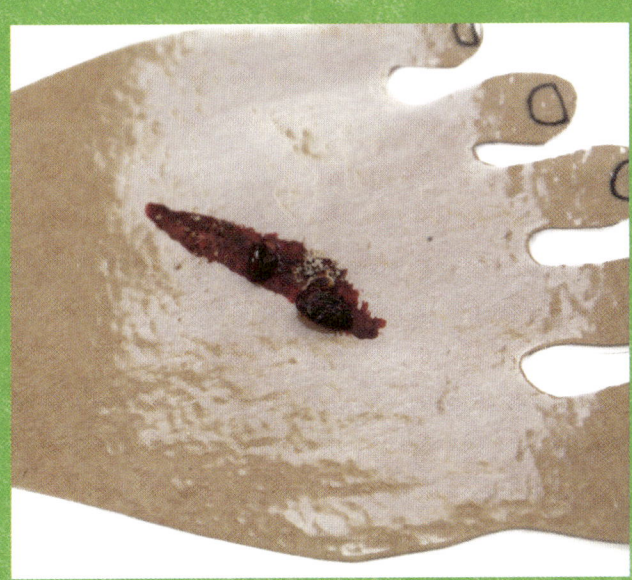

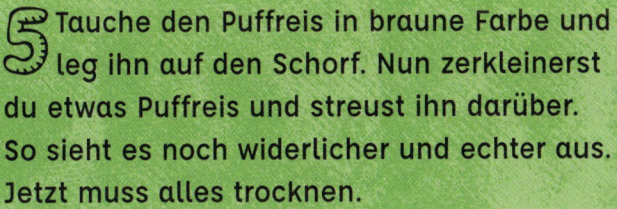

5 Tauche den Puffreis in braune Farbe und leg ihn auf den Schorf. Nun zerkleinerst du etwas Puffreis und streust ihn darüber. So sieht es noch widerlicher und echter aus. Jetzt muss alles trocknen.

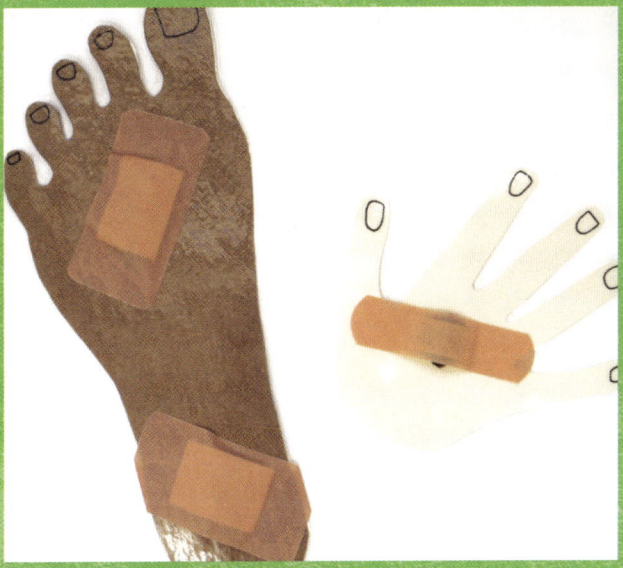

6 Bedecke den Schorf mit einem Pflaster. Es soll ja realistisch aussehen.

Glibberiger Rotz

ANFANGS IST DER GLIBBERIGE ROTZ EHER FLÜSSIG.

JE LÄNGER DU DAMIT SPIELST, UMSO KLUMPIGER WIRD ER.

ER IST VÖLLIG UNGIFTIG, SUPERGEEIGNET FÜR JEDES ALTER

UND EINFACH GROSSARTIG, UM DAMIT HERUMZUSPIELEN.

DAS BRAUCHST DU:

35 g Gelatinepulver
1 Tasse kochendes Wasser
1 Tasse Agavendicksaft
Lebensmittelfarbe in Grün
Metalllöffel
Gabel

Wusstest du, dass dein Körper etwa eine Tasse Rotz pro Tag produziert? Und viermal mehr, wenn du erkältet bist!

Schweinerei-Warnung!
Bevor du startest, vergiss nicht, deine Kleidung und alle Oberflächen abzudecken!

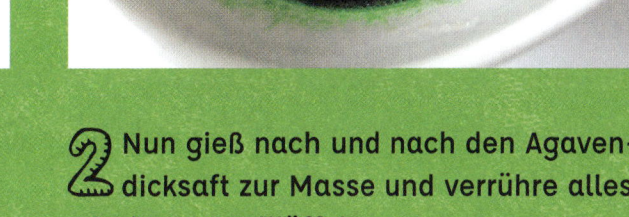

1 Löse die Gelatine unter Rühren in kochendem Wasser vollständig auf. Füge nach und nach etwas grüne Lebensmittelfarbe hinzu, bis die Masse deinen gewünschten Farbton erreicht hat. Lass die Masse für 5 Minuten ruhen.

2 Nun gieß nach und nach den Agavendicksaft zur Masse und verrühre alles mit dem Metalllöffel.

3 Anfangs ist der Rotz sehr flüssig. Er wird mit der Zeit klumpiger. Mach mit der Gabel lange Rotzfäden oder stecke komplett die Hände in den Rotz. Was für eine schöne, glibberige Sauerei!

Käfer-Seife

ES IST SEHR EINFACH, DIESE SCHAURIGEN SEIFEN HERZUSTELLEN.
DU BRAUCHST NUR WENIGE MATERIALIEN. ROHSEIFE FINDEST
DU IM BASTELLADEN. ODER DU VERWENDEST EINFACH KLARE SEIFEN-
RESTE, DIE DU NOCH DAHEIM HAST. WÄSCHST DU DIR MIT DER
KÄFER-SEIFE DIE HÄNDE, VERFÄRBT SICH DAS WASSER GRÜN.
IST DAS EKLIG-SCHÖN!

DAS BRAUCHST DU:
(ergibt 12 Seifenstücke)

900 g Rohseife
Plastikkäfer
Seifenfarbe in Grün
Seifengießform aus
 Silikon
scharfes Messer
mikrowellengeeignetes
 Gefäß
Cocktailspieß
Palettenmesser oder
 Spachtel

1 Zerkleinere die Rohseife mit dem scharfen Messer in etwa 2,5 cm große Stücke. Lass dir von einem Erwachsenen helfen!

2 Erhitze die Stücke in der Mikrowelle in einem geeigneten Gefäß mehrmals für 30 Sekunden, bis sie geschmolzen sind.

3 Füge mithilfe des Cocktailspießes etwas grüne Farbe hinzu und verrühre alles, bis die geschmolzene Seife gleichmäßig grün gefärbt ist.

4 Gieße die geschmolzene Seife in die Silikonform und versenke darin die Plastikkäfer. Die Käfer müssen falsch herum, also mit dem Bauch nach oben, eingesetzt werden. Lass die Käfer-Seifen für mindestens zwei Stunden aushärten.

SPEZIAL-TIPP

**Statt einer Seifen-
gießform, kannst du
auch eine Backform
verwenden und die Seife
nach dem Aushärten in
Stücke schneiden.**

5 Mit dem Palettenmesser löst du die
Ränder der Seife und kannst nun die
Seife aus der Form drücken. Entferne bei
Bedarf mit den Fingern unter warmem
Wasser Luftblasen von der Oberfläche.

Herz-Anhänger

DIESES GRAUSIG-SCHÖNE PROJEKT AUS MODELLIERMASSE IST EINFACHER HERZUSTELLEN, ALS ES AUSSIEHT. VERWENDE DAS HERZ ALS KETTEN- ODER SCHLÜSSELANHÄNGER! WIE WÄRE ES, WENN DU DEIN HERZ AN JEMANDEN VERSCHENKST?

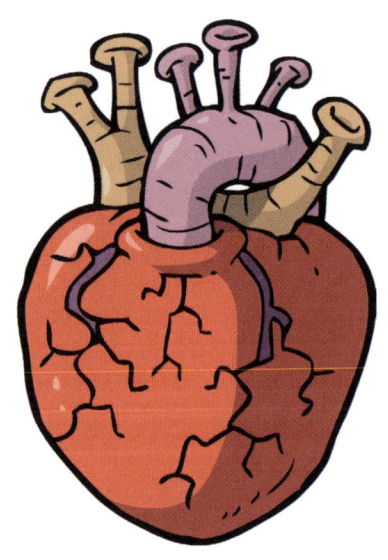

DAS BRAUCHST DU:

FIMO® in Dunkelrot, Schwarz und
  Dunkelblau
glänzender Klarlack
Halskette oder Schlüsselring
stumpfes Messer
Cocktailspieß
Pinsel
Schaschlikstäbchen
Pappkarton (zum Trocknen)

SPEZIAL-TIPP
Modelliermasse ist ein toller Staub- und Schmutzfänger. Achte deshalb auf saubere Hände und Oberflächen, wenn du zu modellieren beginnst!

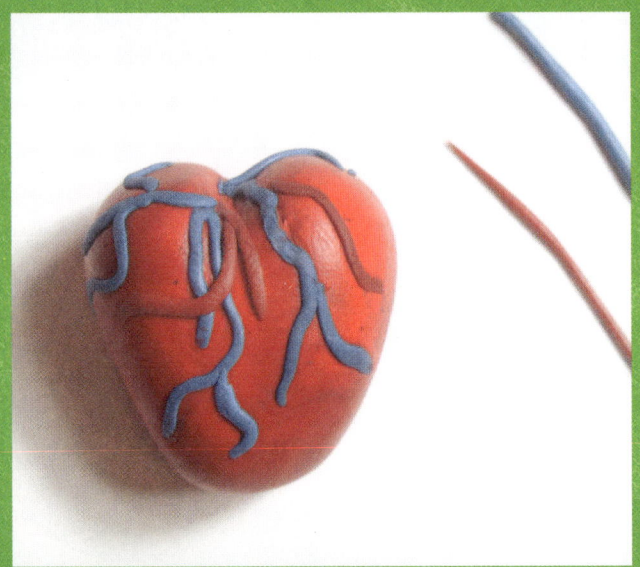

1 Forme eine kirschgroße, dunkelrote Kugel aus FIMO®. Drücke die Kugel für die Herzform oben mit dem stumpfen Messer ein. Forme die andere Seite mit den Fingern spitz zulaufend.

2 Verknete ein 2 cm großes Stück dunkelrotes FIMO® mit etwas schwarz. Rolle daraus eine so dünne Wurst wie möglich, ebenso aus blauem FIMO®. Nun befestigst du die Würstchen als Adern auf dem Herzen.

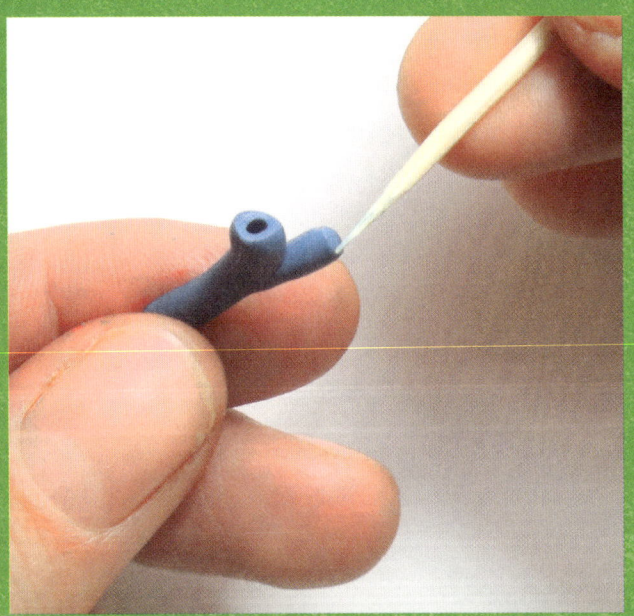

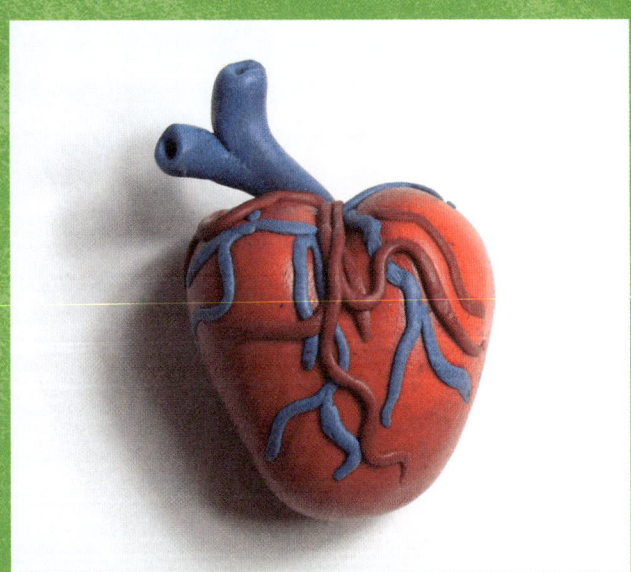

3 Forme zwei weitere etwa 4 mm dicke Würstchen aus blauem FIMO® und bilde ein Y daraus. Damit es wie Venen aussieht, drückst du mit dem Cocktailspieß kleine Löcher in die Enden.

4 Befestige nun die Y-Form an der Herzrückseite. Diese Vene bezeichnet man als Hohlvene. Drücke sie mit dem Cocktailspieß gut fest, damit sie nicht abfällt.

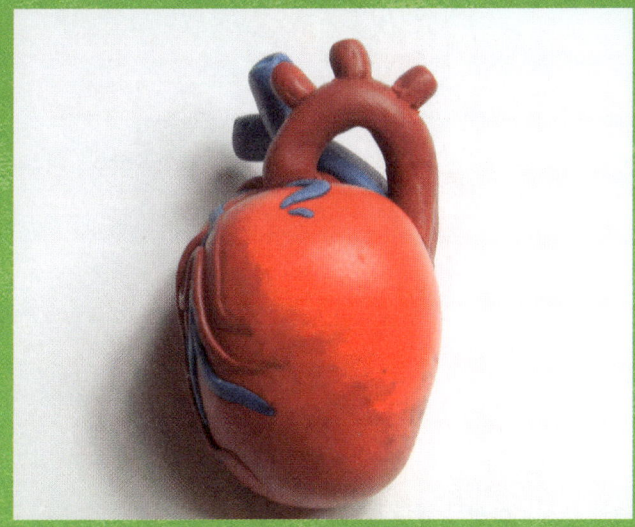

5 Forme einen Bogen aus einer roten FIMO®-Wurst für die Aufhängung. Befestige ihn an der Herzoberseite. Nun rolle drei weitere schmale Würstchen und befestige sie oben auf dem Bogen (die Aorta).

6 Drücke mit dem Cocktailspieß Löcher in die drei Würstchen, damit sie wie Adern aussehen.

7 Backe das Herz nach Herstellerangaben im Ofen. Nach dem Abkühlen, steckst du das Herz auf einem Schaschlikstäbchen in den Karton und lackierst es anschließend mit dem Klarlack.

8 Lass das lackierte Herz am Stäbchen trocknen, damit es keine Abdrücke bekommt. Befestige den Anhänger nun an einer Kette oder einem Schlüsselring.

Kakerlaken-Snack

DIE SCHEUSSLICH-AUSSEHENDEN KAKERLAKEN SIND SCHAURIG-LECKER. ISS SIE VOR DEN AUGEN DEINER FREUNDE! DENN DIESE WISSEN JA NICHT, DASS DIE INSEKTEN UNECHT SIND, UND WERDEN SICH MÄCHTIG EKELN.

DAS BRAUCHST DU:
(ergibt 8 Kakerlaken)

8 Datteln
80 g Frischkäse
60 g Walnüsse
60 g rote Gummischnüre
30 g Spritzkuvertüre zum Schreiben
scharfes Messer
Metalllöffel
Cocktailspieß

IGITT!

Eine Kakerlake zu töten, ist sehr schwer. Die Krabbler können ohne Luft 45 Minuten, ohne Nahrung 30 Tage und unter Wasser 30 Minuten überleben.

1 Mithilfe eines Erwachsenen schneidest du die Datteln längs mit dem Messer auf und entfernst die Kerne.

2 Fülle die Datteln mit Frischkäse und gehackten Walnüssen und verschließe sie.

3 Stich mit dem Cocktailspieß drei Löcher auf jeder Seite und zwei Löcher vorne in die Datteln. Schneide die roten Gummischnüre in 5 cm lange Stücke und drücke mithilfe des Cocktailspießes ein Stück Schnur in jedes Loch.

4 Bemale zum Schluss die Schnüre mit der Spritzkuvertüre.

KAKERLAKEN-SNACK **87**

Eingeweide-Pizza

LUST AUF EIN STÜCK INNEREIEN-PIZZA? DIESE MAGENUMDREHEND-

AUSSEHENDE PIZZA SCHMECKT EINFACH LECKER.

PASSE DEINE BLUTIGE PIZZA DEINEM GESCHMACK AN UND

VARIIERE DEMENTSPRECHEND DIE ZUTATEN FÜR DEN BELAG!

WEITERE ZUTATEN- UND BELAGSTIPPS

FINDEST DU AUF SEITE 91.

IGITT!

Das irre Gefühl im Magen beim Achterbahnfahren oder beim Rollen über Bodenwellen auf der Straße wird durch deine sich bewegenden Innereien verursacht.

DAS BRAUCHST DU:
(ergibt 4 Pizzen)

100 g Blumenkohl
100 g Spaghetti
Lebensmittelfarbe in Rot
150 g Käse
4 EL Kidneybohnen
4 EL Salami
280 g Pizzasoße im Glas

4 kleine Pizzaböden
2 TL Hartkäse
Olivenöl
Kochtopf
scharfes Messer
Käsereibe
Metalllöffel

1 Bring Wasser mit etwas roter Lebensmittelfarbe in einem Topf zum Kochen.
Schneide den Blumenkohl klein (Gehirn)
und gib ihn ins Wasser.

2 Nun folgen die Spaghetti (Därme). Koch
beides, bis es weich ist. Anschließend
abgießen und abkühlen lassen.

3 Bereite nun die anderen Belagszutaten
vor. Reibe den Käse, lass die Kidneybohnen abtropfen und schneide die Salami
und Spaghetti klein.

4 Verteile die Soße auf den Böden. Un-
genaues Arbeiten erlaubt: Es soll nach
einer Eingeweide-Explosion aussehen! Nun
mit Käse bestreuen.

Augäpfel – Mozzarellakugeln mit Olivenstücken als Pupillen

Finger – eingeritzte Hotdog-Würstchen mit Mandelblättchen als Fingernägel

Blut – für ein richtiges Blutbad spritzt du Ketchup auf deine fertigen Pizzen

Kacka – Hackfleisch ist perfekt für Pizza-Kot. Forme kleine, ungleiche Würstchen aus dem Hackfleisch und brate sie an, bevor du sie auf die Pizza legst.

5 Jetzt lass deiner Kreativität freien Lauf und belege die Pizzen. Quetsche das Innere der Kidneybohnen heraus. Drücke die Salami auf die Pizzen und verteile kreuz und quer darüber die Spaghetti.

6 Mithilfe eines Erwachsenen backst du die Pizzen nach Herstellerangaben der Böden. Der Käse sollte schön geschmolzen sein. Vor dem Servieren mit Hartkäse bestreuen und mit Öl beträufeln.

Gestank im Glas

DIESE BESTIALISCH-STINKENDE ÜBERRASCHUNG KOMMT IN SCHICKER VERPACKUNG DAHER UND BEREITET DIR MIT SICHERHEIT JEDE MENGE FREUDE. DIE UMSETZUNG DIESES PROJEKTS IST EINFACH UND SCHNELL.

DAS BRAUCHST DU:

Glasgefäß mit Deckel (z.B. Marmeladenglas)
Auswahl an Moosgummi in verschiedenen
  Farben
1 Stück stinkender Käse
Schere
Bastelkleber
Gummibänder

1 Erstelle dein eigenes Etikett für dein Stinkeglas! Schneide dafür einen Streifen in passender Größe für dein Glas und einen Kreis für den Deckel aus Moosgummi zurecht.

2 Schneide aus Moosgummi Symbole wie Stinkbomben oder Explosionen aus. Oder wie wäre es mit einer Gasmaske, einer Nase oder einem Furz – wie auch immer der wohl aussehen mag?!

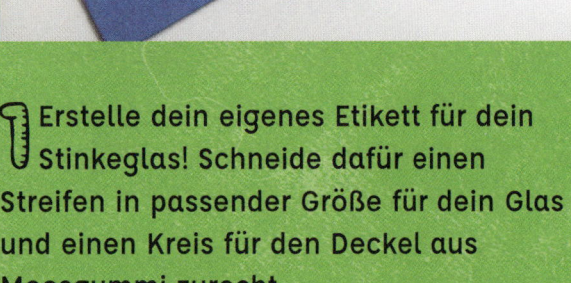

IGITT!

Jeder furzt durchschnittlich 20-mal pro Tag!

IDEEN FÜR STINKENDE KÄSE-SORTEN

Limburger

Camembert

Harzer Käse

Époisses

Romadur

Tilsiter

Oft reicht es sogar, nur die Verpackung des Käses in dein Glas zu legen!

3 Klebe dein Etikett aufs Glas. Fixiere es mit Gummibändern, während der Kleber trocknet. Leg nun dein Stück Stinkekäse hinein und genieße den Duft. Lass deine Freunde doch auch mal daran schnuppern!

Knet-Augäpfel

DIESE EINFACH HERZUSTELLENDEN KNET-AUGÄPFEL SIND TOLLE SPIELBEGLEITER. IHR INNERES IST MIT MEHL GEFÜLLT. SIE LASSEN SICH DRÜCKEN UND QUETSCHEN. SIE HALTEN EWIG, WENN DU SIE NICHT PLATZEN LÄSST!

IGITT!

Mit geöffneten Augen zu niesen, ist nicht möglich. Ein Nerv verbindet Augen und Nase miteinander. Dadurch blinzelst du automatisch beim Niesen.

DAS BRAUCHST DU:
(ergibt einen Augapfel)

1 Tasse Mehl
2 Luftballons in Weiß
alte Plastikflasche
Trichter
Schere
feuchtes Tuch
wasserfester Filzstift in Hellblau, Dunkelblau
  und Schwarz

1 Befülle die Flasche mittels Trichter mit Mehl. Klopfe leicht auf den Trichter, damit das Mehl in die Flasche fällt.

2 Blase einen Luftballon auf und drücke den Hals zu, damit die Luft nicht entweichen kann. Stülpe nun den Luftballonhals auf die Flasche und öffne den Hals wieder. Lass das komplette Mehl in den Luftballon hineinrieseln.

3 Ziehe den Ballon von der Flasche. Lass die Luft entweichen. Drücke den Ballonhals beim Absetzten leicht zu, damit du keine Mehlwolke ins Gesicht bekommst.

4 Nach dem kompletten Entweichen der Luft aus dem Ballon drückst du das Mehl von außen zusammen. Schneide dann den Ballonhals ab. Geht dabei etwas Mehl daneben, wischst du es mit einem feuchten Tuch von der Ballonaußenseite ab, damit der andere Ballon besser daran haften kann.

5 Leg den mit Mehl befüllten Ballon mit der Öffnung nach oben hin. Schneide den Hals des anderen Ballons ab und dehne den Ballon, damit du ihn über den ersten Ballon stülpen kannst.

6 Stülpe als Nächstes den Ballon komplett über den ersten, sodass dieser ganz umschlossen ist.

8 Umrande den Kreis mit Dunkelblau und verwische die Kontur mit Hellblau. Die Farben sollen fließend ineinander übergehen.

7 Male auf die Vorderseite mit Schwarz die Pupille auf (die Ballonöffnung befindet sich auf der gegenüberliegenden Seite). Nun zeichnest du für die Iris in Hellblau einen Kreis um die Pupille und füllst ihn vollständig farbig aus.

Vampir-Smoothie

DIESER BLUTROTE, ERSCHRECKEND-AUSSEHENDE SMOOTHIE SCHMECKT GROSSARTIG UND IST DAZU NOCH GESUND!

DAS BRAUCHST DU:
(ergibt ein großes Glas)

2 Handvoll gefrorene Beeren
1 Banane
Lebensmittelfarbe in Rot (optional)
200 ml Orangensaft
5–7 große Marshmallows
Mixer

WEITERE GRAUENHAFTE DRINKS

Schmeckt dir der Blut-Trunk nicht? Wie wäre es denn dann mit folgenden Getränken:

Toxischer Sumpf-Smoothie
- Wackelpuddingstücke
- Sprudelwasser
- Apfelsaft
- Fruchtgummi-Würmer

Monstermäßiger Grusel-Smoothie
- heiße weiße Schokolade
- Lebensmittelfarbe in Grün
- Sprühsahne
- Schokostreusel oder essbare Augen als Dekoration

Grausiger Smoothie
- 1 Banane
- Vanilleeis
- Bonbons in Orange und Grün
- Milch

1 Püriere die Beeren und die Banane. Füge etwas rote Lebensmittelfarbe in den Orangensaft und vermische den Saft mit dem Fruchtmus.

2 Dekoriere den Smoothie mit gerösteten Marshmallows. Lass dir beim Rösten von einem Erwachsenen helfen!

Schnittwunden und Warzen

SCHMINK DIR GANZ EINFACH SELBST SCHORF, SCHNITTWUNDEN ODER WARZEN! HAST DU KEINE THEATERSCHMINKE, KANNST DU AUCH LIPPENSTIFT, LIDSCHATTEN UND EYELINER VERWENDEN (FRAG VORHER BITTE UM ERLAUBNIS!). BENUTZE FÜR DEINE HAUT NUR LÖSUNGSMITTELFREIEN, UNGIFTIGEN KLEBER!

IGITT!

Warzen gibt es in verschiedenen Größen, Farben und Formen. Verursacher sind humane Papillomviren in kleinen Hautverletzungen. Warzen können schon über Jahre wachsen, bevor du sie überhaupt bemerkst.

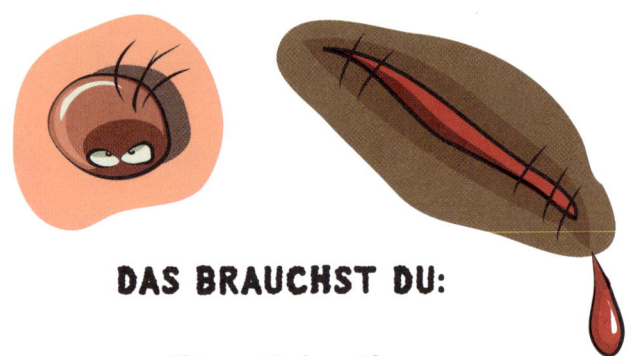

DAS BRAUCHST DU:

ungiftiger Klebestift
Wasser
Theaterschminke in Rot und Schwarz
Make-up-Grundierung
Lidschatten in Braun
Vaseline
Puffreis
1 alte Haarbürste
Haartrockner
stumpfes Messer oder Cocktailspieß

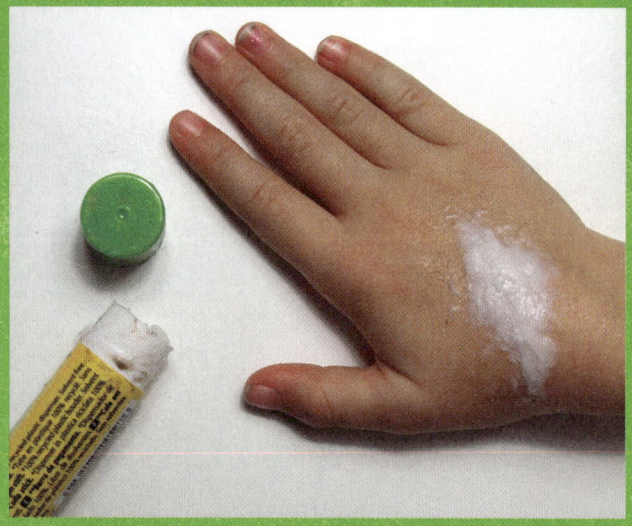

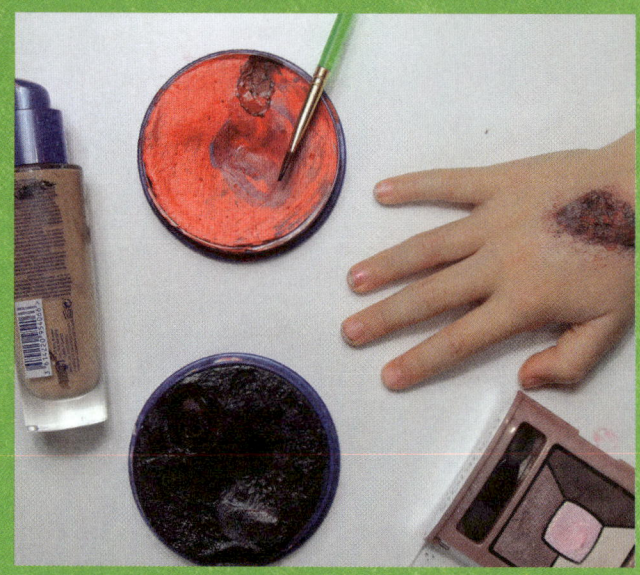

1 Schneide für den Schorf mithilfe eines Erwachsenen ein Stück des heraus-gedrehten Klebestiftes ab und drücke das Stück auf der Haut fest. Die Oberfläche sollte rau und uneben sein. Die Ränder glättest du. Dies funktioniert am besten mit angefeuchteten Fingern.

2 Trockne den Kleber mit dem Haartrock-ner. Nutze hierfür die Kaltfunktion! Nun decke alles mit Grundierung ab. Bemale den Schorf mit rot-schwarz gemischter Farbe. Für die Kruste tupfst du noch etwas braunen Lidschatten darauf.

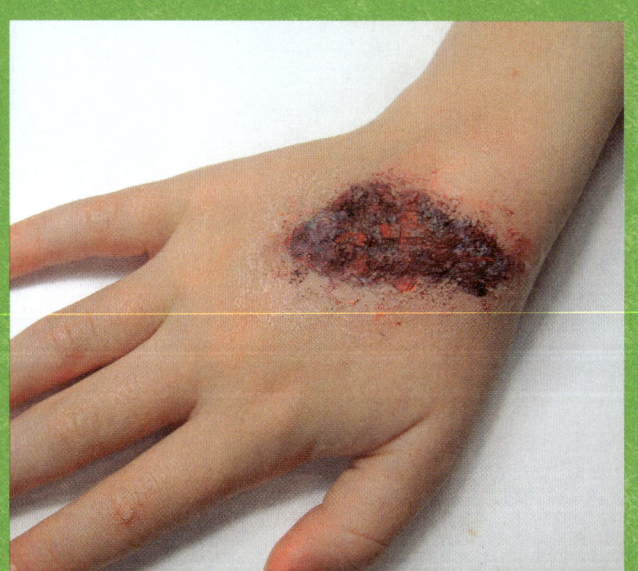

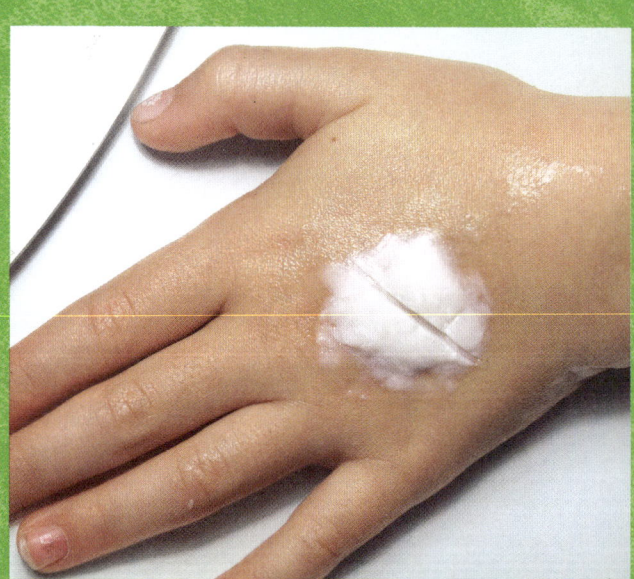

3 Für feucht-glänzend aussehenden Schorf verteilst du Vaseline darüber.

4 Wiederhole Schritt 1 für Schnittwunden, aber glätte diesmal die Oberfläche. Füge mit dem stumpfen Messer oder dem Cocktailspieß mittig den Schnitt hinzu.

Mit warmem Seifenwasser lässt sich der Schorf, die Schnittwunde oder die Warze wieder entfernen.

5 Decke alles mit Grundierung ab. Zeichne den Schnitt mit schwarzer und roter Theaterschminke nach. Benutze einen feinen Pinsel und setzte mit Schwarz Wundnähte über den Schnitt.

6 Bemale für die Warze ein Stück Puffreis mit braunem Lidschatten. Klebe Borsten einer alten Bürste als Haare auf die Warze. Mit etwas Kleber befestigst du die Warze im Gesicht.

Ohren- schmalz

DAS SCHMALZ FÜHLT SICH WIE WEICHE SPIELKNETE AN. ES IST INNERHALB VON 10 MINUTEN AUS ESSBAREN ZUTATEN HERGESTELLT UND VÖLLIG HARMLOS. ISS ES, WENN DU MAGST (ES IST ABER SCHRECKLICH SÜSS!)! PRÄSENTIERE DEINEN FREUNDEN BEIM NÄCHSTEN MAL DEINE OHRENSCHMALZ-SAMMLUNG! SCHOCKIERE SIE, INDEM DU EIN STÜCK DAVON ISST UND IHNEN AUCH ETWAS ANBIETEST! EKELHAFT!

IGITT!

Ohrenschmalz nennt man auch Zerumen. Es wird von Talgdrüsen produziert.

DAS BRAUCHST DU:

8 g Instantwackelpudding in Grün oder Gelb
5 EL Maisstärke (Speisestärke)
Wasser
ca. 1 TL Kakaopulver
Lebensmittelfarbe in Grün und Gelb
Schüssel
Löffel
Papier
farbige Filzstifte
kleine Dose (für die Ohrenschmalz-Aufbewahrung)
Klebestift

1 Vermische das Wackelpuddingpulver mit der Speisestärke in einer Schüssel.

2 Füge etwas Wasser hinzu. Die Mischung bekommt eine giftig-leuchtende Farbe.

3 Füge solange Wasser hinzu, bis eine geschmeidige Masse entsteht. Ist deine Mischung zu flüssig, rühre einfach noch etwas Stärke unter.

4 Gib nach und nach Kakao und Lebensmittelfarbe hinzu, bis du ein schönes, wächsernes Senfgelb erhältst.

HALTBARKEIT

Im Kühlschrank ist das Schmalz 2 bis 3 Wochen haltbar. Knete es ab und zu durch und füge ein paar Tropfen Wasser hinzu.

5 Erstelle für den Dosendeckel ein Etikett. Zeichne ein Ohr mit heraustriefendem Schmalz und male es aus.

6 Schneide das Etikett aus und klebe es auf den Deckel.

Fliegende Kacke

EIN ZUM HEULEN KOMISCHES SPIEL – SOLANGE ES BEI FAKE-KACKE BLEIBT! DIE SPIELHERSTELLUNG DAUERT MEHRERE TAGE, DA DIE PAPPMASCHEESCHICHTEN ZEIT ZUM TROCKNEN BRAUCHEN. ZIEL DES SPIELES IST ES, DIE KACKE IN DER KLOSCHÜSSEL ZU VERSENKEN (ZIELSCHIESSEN). KLAPP DIE KLOBRILLE HOCH, DANN IST ES EINFACHER!

Neil Armstrong hinterließ bei seiner Mondlandung vier Tüten Ausscheidungen auf dem Mond.

DAS BRAUCHST DU:

Wellpappe,
  ca. 60 cm x 60 cm
Luftballon
Bastelkleber
Wasser
Zeitungspapier
2 Stücke Wellpappe,
  je min. 35 cm x 35 cm
Wellpapperest
Klebeband in Schwarz und
  Silber
leere, runde Blechdose,
  ø 10 cm

Kreppband
1 Blatt Moosgummi mit
  Struktur in beliebiger
  Farbe, A4
leere, große Cornflakes-
  Packung
leere, kleine Cornflakes-
  Packung (Probiergröße)
Acrylfarbe in Weiß und
  Braun
UHU Alleskleber Kraft
Pinsel
Schere

1 Blase für die Kloschüssel den Luftballon auf. Mische für das Pappmaschee zwei Tassen Bastelkleber mit einer Tasse Wasser. Zerreiße die Zeitung in kleine Stücke.

2 Bestreiche die untere Ballonhälfte mit der Klebermischung und beklebe sie mit drei Schichten Zeitungsfetzen. Achte darauf, alles vollständig zu bedecken. Du musst alle Schichten immer sorgfältig mit einem Pinsel einkleistern und zwischendurch gut trocknen lassen.

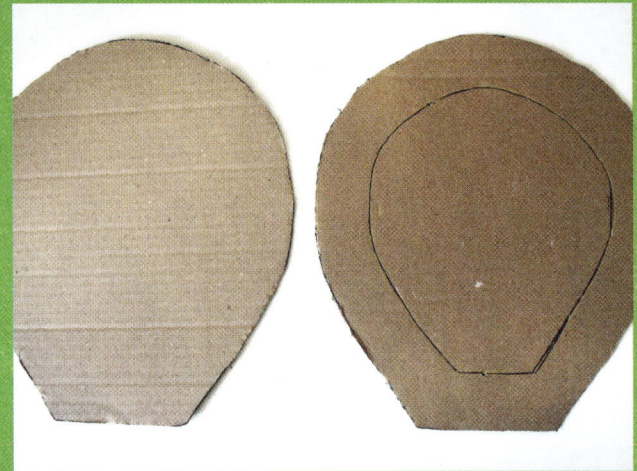

3 Zerstich den Ballon und entferne ihn aus der Pappmascheeschüssel. Nun begradigst du den Rand mit einer Schere.

4 Jetzt kommt der Toilettensitz und -deckel an die Reihe. Übertrage die Kloschüsselkonturen auf die zwei Stücke Wellpappe. Zeichne, wie auf dem Bild gezeigt, an der schmalen Seite eine gerade Kante. Für den Toilettensitz zeichnest du bei einem der Umrisse einen 5 cm breiten Rand in die Toilettenform.

5 Entferne die Klobrillenmitte (siehe Foto) und beklebe mit schwarzem Klebeband die Vorder- und Rückseite der Klobrille und des Deckels.

6 Zum Zusammenbauen klebst du die Kloschüssel auf die Dose. Befestige dann die große Cornflakes-Packung quer auf der kleineren und beides an der Schüssel (siehe Foto).

7 Beklebe das komplette Klo mit Zeitungspapier (siehe Schritt 2). Lass es über Nacht trocknen. Trage anschließend mehrere Schichten weiße Farbe auf.

8 Male den Spülkastengriff auf Wellpappe auf. Schneide ihn aus und beklebe ihn mit silbernem Klebeband. Befestige ihn am Spülkasten.

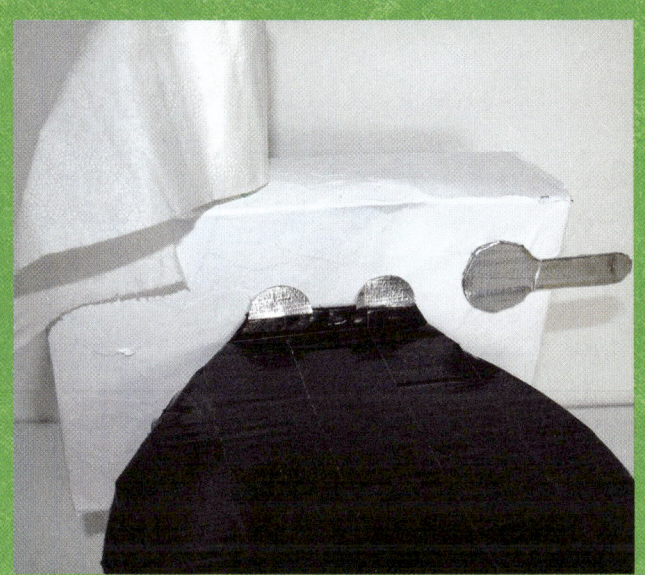

9 Knicke die gerade Kante des Klositzes und -deckels etwa 1 cm um. Befestige den Klositz mit der umgeknickten Kante am Spülkasten. Klebe den Deckel auf gleiche Weise fest. Für die Scharniere schneidest du zwei Halbkreise aus silbernem Klebeband aus und befestigst sie am Spülkasten.

10 Knülle unterschiedlich große Zeitungspapiere in Wurstformen. Beklebe die Kackwürstchen mit Kreppband, male sie braun an und lass sie trocknen.

Schnecken-Badebomben

IM INNEREN DIESER EKLIGEN BADEBOMBEN VERSTECKEN SICH SCHLEIMIGE SCHNECKEN. VERWENDE PLASTIKKÄFER, WENN DU DIE SCHNECKEN NICHT SELBST AUS MODELLIERMASSE HERSTELLEN MÖCHTEST!

WO FINDE ICH DIE ZUTATEN?

Formen für Badebomben (aus Plastik oder Metall) kann man online oder im Bastelladen kaufen.

DAS BRAUCHST DU:
(ergibt ca. 2 große oder 4 kleine Badebomben)

2 Tassen Backpulver
1 Tasse Weinstein-Backpulver
Lebensmittelfarbe in Schwarz
10 g FIMO® in Orange und Schwarz
Schüssel
Sprühflasche
Formen für Badebomben
Cocktailspieß

1 Forme aus einer murmelgroßen Menge FIMO® eine Wurst und drücke die Unterseite auf der Arbeitsfläche platt. Lass ein Ende spitz zulaufen und drehe es leicht ein. Forme zwei kleine Antennen und befestige sie mit dem Cocktailspieß am Kopf. Füge Details auf dem Körper mit dem Cocktailspieß hinzu. Backe die Schnecken im Ofen laut Herstellerangaben.

2 Vermische das Backpulver mit dem Weinstein in einer Schüssel. Mische Lebensmittelfarbe hinzu, bis der gewünschte Farbton erreicht ist.

3 Nun befüllst du die Sprühflasche mit Wasser und besprühst die gesamte Masse solange damit, bis sich Klumpen bilden. Die Masse soll wie feuchter Sand aussehen.

4 Fülle die Form bis kurz unter den Rand mit der Hälfte der Masse. Leg die Schnecke darauf.

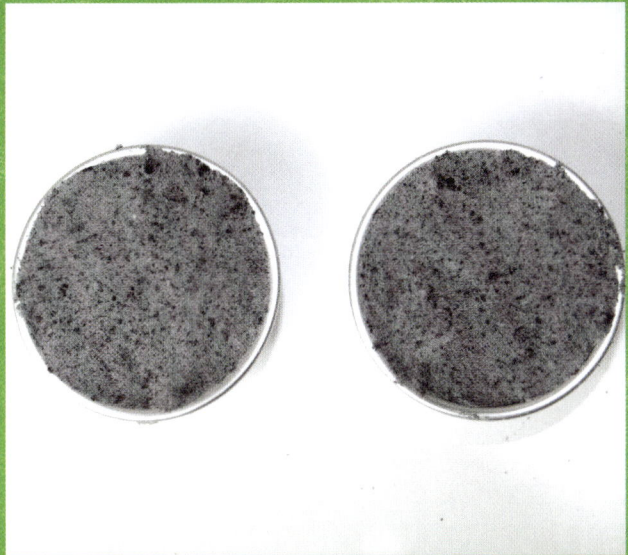

5 Nun befülle die Form vollständig. Fülle auch die andere Formhälfte mit der Masse. Die Masse sollte fest zusammengepresst sein. Leg die Hälften aufeinander und klebe die Form bei Bedarf zur Sicherheit mit Kreppband zusammen. Lass die Kugel für ein paar Stunden, am besten über Nacht, trocknen.

6 Zum Lösen der Bombe klopfst du die Form leicht auf die Arbeitsfläche und drehst die Hälften vorsichtig.

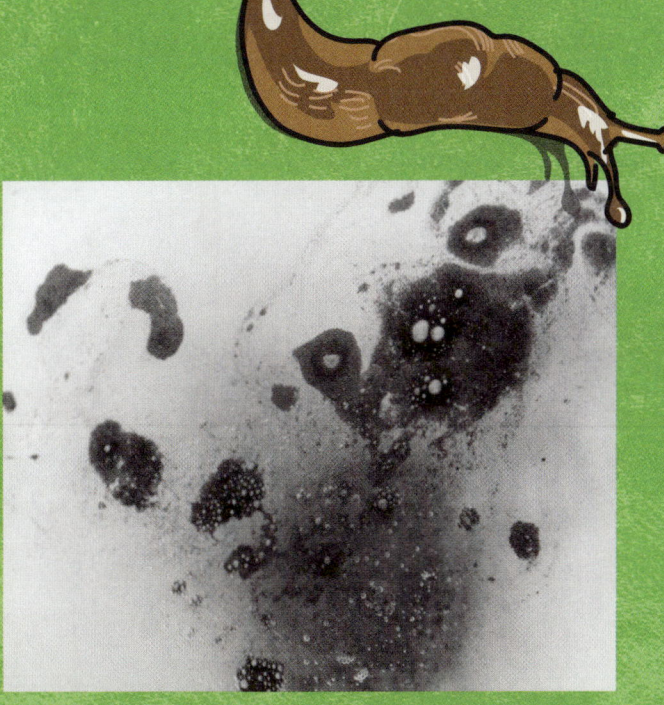

7 Entferne nun behutsam beide Formhälften.

8 Die Badebombe zischt und blubbert im warmen Badewasser und verfärbt das Wasser schwarz. Hat sich die Bombe aufgelöst, kommt die Schnecke zum Vorschein und taucht schnell unter.

Süße Popel-Happen

WER ISST SCHON GERNE POPEL? ANSTATT IN DER NASE ZU BOHREN,
SPIELST DU SICHER LIEBER MIT DIESEN ESSBAREN POPELN. UND DAS
ALLERBESTE: SIE VERFÄRBEN DEINE ZUNGE GRÜN! WIE POPELTASTISCH!

DAS BRAUCHST DU:
(ergibt etwa 20 Popel-Happen)

30 g Butter
150 g kleine Marshmallows
100 g Reisflocken
60 g kleine Karamellstückchen
250 g weiße Schokolade
Lebensmittelfarbe in Grün
Kochtopf
Holzkochlöffel
mit Backpapier ausgelegtes Backblech
hitzebeständige Schüssel

IGITT!

**Mit viel Rotz versucht der Körper,
Viren loszuwerden, die du dir bei einer
Erkältung eingefangen hast.**

1 Schmilz die Butter bei niedriger Temperatur im Topf. Gib die Marshmallows dazu und rühre, bis alles geschmolzen ist.

2 Gib die Reisflocken und Karamellstücke zur Masse und vermische alles gut.

3 Lass die Masse für ein paar Minuten auskühlen. Forme mit den Händen unterschiedlich große Kugeln daraus und leg sie auf das mit Backpapier ausgelegte Backblech.

4 Drücke die Kugeln in unterschiedliche Popel-Formen und lass sie anschließend vollständig abkühlen.

5 Hacke die weiße Schokolade klein und lass sie in einer hitzebeständigen Schüssel im Wasserbad schmelzen. Füge solange grüne Lebensmittelfarbe hinzu, bis die Schokolade deine gewünschte Popel-Farbe erhalten hat.

6 Bestreiche nun die Reiskugeln mit der grünen Schokolade.

7 Bevor du die Popel-Happen servierst, lässt du sie auf dem Backbleck vollständig trocknen.

SPEZIAL-TIPP
Für extra knusprige Popel streust du ein paar grüne Streusel darüber.

Grusel-spiele

DIESE ACHT FÜRCHTERLICHEN SPIELE EIGNEN SICH SUPER

FÜR EINE SCHAURIGE GEBURTSTAGS- ODER HALLOWEENPARTY.

SIE BENÖTIGEN ETWAS VORBEREITUNGSZEIT.

MONSTER-BOWLING
Bastle sechs Monster aus Pappbechern. Bemale einen Tennisball wie einen Augapfel. Versucht nun abwechselnd, die Monster umzukegeln.

MATSCHIGE SCHLAMMSUCHE
Vermische etwas Erde oder Kompost mit Wasser, bis eine schlammige Masse entsteht. Fülle das Gemisch in einen Eimer und verstecke Plastikkäfer darin. Jetzt geht's los: Taucht eure Hände in den Schlamm und findet die Tierchen! Noch lustiger wird es mit verbundenen Augen, wenn du nicht weißt, was da auf dich zukommt.

HÄSSLICHE FRATZEN

Schneide Augen, Ohren, Lippen und Nasen aus Zeitschriften oder aus selbst gezeichneten Bildern aus, sowohl menschliche als auch tierische. Wer erschafft aus den Schnipseln die verrückteste Fratze?

KNÖCHRIGE SCHATZSUCHE

Schneide aus Papier verschieden große Knochen aus. Lass die Knochen von einem erwachsenen Assistenten im Haus verstecken. Wer findet die meisten Knochen? Das ist hier ja der reinste Friedhof!

ZÄHNE ZIEHEN

Das Spiel erinnert an einen Horror-Zahnarztbesuch. Bastle aus Wellpappe einen Mund. Forme das Zahnfleisch aus rosa Knete und befestige es am Mund. Schneide Pappzähne aus und male sie weiß an. Male einige Zahnhälse für faule Zähne braun. Lass einen Erwachsenen die Zähne ins Zahnfleisch stecken. Das Spiel kann beginnen: Zieht mit der Pinzette der Reihe nach die Zähne. Wer einen faulen Zahn erwischt, setzt eine Runde aus.

ROTZNASE

Ein großartig-ekelhaftes Spiel! Bastle aus Pappe eine Riesennase oder male eine mit einem Kreidemarker oder abwaschbaren Fingerfarben auf die Terrassentür auf. Nun produzierst du Unmengen an schleimigem Rotz (siehe Seite 76). Ziel des Spieles ist es, kleine Rotzklumpen mit verbundenen Augen so nah wie möglich an die Nasenlöcher zu kleben.

HUNDEHAUFEN-AUSGRABUNG

Bereite Salzteig vor (siehe Rezept Seite 24) und füge eine Handvoll Haferflocken dazu. Färbe den Teig mit brauner Lebensmittelfarbe ein, rühre kleine Edelsteine aus Plastik unter und forme dann daraus Kackwürstchen. Lass den Teig ein paar Tage aushärten (er muss nicht gebacken werden). Nun dürft ihr die Edelsteine, die der freche Köter gefressen hat, ausgraben. Verwendet dazu einen Hammer! Wer die meisten Edelsteine findet, ist der Gewinner.

SUMPFIGER KÄFER-WACKELPUDDING

Verstecke essbare Fruchtgummikäfer in grünem Wackelpudding. Nun versuche, die Käfer mit dem Mund herauszufischen. Die Hände zu benutzen, ist nicht erlaubt!

GRUSELSPIELE **125**

ÜBER DIE AUTORINNEN

Laura Minter und Tia Williams sind Bastlerinnen, Mütter und Autorinnen. Auf ihrem preisgekrönten Bastel- und Backblog *(Little Button Diaries)* zeigen sie, dass man mit Kindern nicht aufhören muss, seinen eigenen Hobbies nachzugehen. Zum Basteln ist immer Zeit (ebenso für Tee und Kuchen). Sie haben mehrere Bastelbücher verfasst und fertigen Anleitungen für Bastelshops wie *Hobbycraft*, *Paperchase*, *Brother Sewing* und *Duck Tape* an. Insgesamt haben die Autorinnen fünf Kinder, für die (und mit denen!) sie gerne basteln.

www.littlebuttondiaries.com

DANKSAGUNG

DANKE an unsere kleinen Horror-Bastler: Amelie, Harper, Lilah, Grayson und Marnie, die ihren Spaß bei der Herstellung von Schleim, Rotz und Kacke hatten.

GMC Publications dankt den reizenden Models Amelie, Grayson, Lilah und Tristan.

Alle Abbildungen sind von Sarah Skeate, ausgenommen Seite 2 (alle außer unten rechts und oben links), 6, 7, 14, 18 (oben links), 22, 24, 26, 28 (oben), 34, 37, 38 (oben), 43, 44, 45, 46, 48, 49, 50, 54, 55, 57, 62, 63, 65, 66, 67, 79, 80, 81, 82, 92 (links), 100, 107, 115 (unten), 118, 122 (oben), 123 und 124 (alle drei unten), die von Shutterstock.com sind und Seite 92 (oben) und 95, die von Freepik stammen.

Die englische Originalausgabe erschien erstmalig 2019 unter dem Titel *The Horrible Craft Book – 30 Macabre Makes to Freak out your Family and Frighten your Friends* bei Guild of Master Craftsman Publications Ltd, Castle Place, 166 High Street, Lewes, East Sussex BN7 1XU

Angaben zur Originalausgabe

ISBN 978-1-78494-536-7

TEXTE: Laura Minter, Tia Williams
HERAUSGEBER: Jonathan Bailey
FERTIGUNG: Jim Bulley, Jo Pallett
PROJEKTREDAKTION (VERANTW.): Virginia Brehaut
REDAKTION: Robin Pridy
LAYOUT: Gilda Pacitti
GESTALTUNG: Cathy Challinor
FOTOS: Andrew Perris

Angaben zur deutschen Ausgabe

ÜBERSETZUNG: Anne Kraft
PRODUKTMANAGEMENT: Cora Friedrich
LEKTORAT: Anja Klett und Cora Friedrich
MITARBEIT: Annika Nedvidek
COVERGESTALTUNG: Eva Grimme
UMSCHLAG/HERSTELLUNG: Heike Köhl
SATZ: Arnold & Domnick, Leipzig
DRUCK UND BINDUNG: PNB Print Ltd, Lettland

Veröffentlicht durch eine Übereinkunft mit Guild of Master Craftsman Publications Ltd, Castle Place, 166 High Street, Lewes, East Sussex BN7 1XU
www.gmcbooks.com

1. Auflage 2021
© 2021 frechverlag GmbH, Turbinenstraße 7, 70499 Stuttgart
ISBN der deutschen Ausgabe:
978-3-7724-4454-8 · Best.-Nr. 4454

KREATIV-HOTLINE

Hilfestellung zu allen Fragen, die Materialien und Bücher zu kreativen Hobbys betreffen: Frau Erika Noll berät Sie. Rufen Sie an oder schreiben Sie eine E-Mail!

Telefon: 0711 / 123 757 20*
E-Mail: mail@kreativ-service.info

*normale Telefongebühren